韓國八字命理第一集團 李修門派 § 八字入門

The LeeSoo School BaZi-Art Mastery Course™ /a Bazi primer－6/Diciple*

刑沖會合

The Kaleidoscope of life

Lee Soo

The LeeSoo School BaZi-Art Mastery Course™ / a Bazi primer - 6/ Diciple*

- The Kaleidoscope of life -

體 - Body

Module 1, 干支八字(간지팔자), The Sexagenary Cycle

Module 2, 五行十星(오행십성), The Five Elements

用 - Use

Module 3, 生旺死絶(생왕사절), The rise and fall

Module 4, 六神物象(육신물상), Phases of the BaZi

變 - Turn

Module 5, 空亡秘鑰(공망비약), Touching the Void

√ Module 6, 刑沖會合(형충회합), The Kaleidoscope of Life

☞ 이수 선생의 팔자학 동영상 강의는 '유투브'를
통해 시청하실 수 있습니다.

www.youtube.com	leesoo bazi	search

차례

變. 刑沖會合

刑沖會合은 모두 八字를 강하고 세차게 搖動시키는 작용력을 지녀 해당 시점에 得失의 交差와 成敗의 反轉 국면을 나타내므로 八字術 실제에서 몹시 요긴하게 쓰이는 주제로 정할 수 있다. 그럼에도 불구하고 自古以來, 刑沖會合의 분명한 작용력과 현상, 實技를 제대로 설명해 놓은 기록을 찾을 수가 없고, 정통 子平書의 원저자나 주해자로 손꼽히는 先學들 또한 뭉뚱그려 가볍게 다루거나 혹은 부정적인 관점을 취해온 바 後學들의 학습 과정에서 隘路가 많은 결과를 초래했다. 근래에 들어서야 내가 스스로 窮理한 논리를 바

탕으로 ‘八字術必殺技(데쓰블로)’와 ‘八字術파이널블로’를 통해 그것의 해법을 최초로 제시했는데 이에 江湖의 학도들이 크게 鼓舞되었다. 이후 未盡한 구석을 학문에서의 후배들이 채워줄 것을 기대하다가 原理와 原則을 모르고 무질서한 創造를 말하는 경향으로만 치닫는 것 같아 不可不得, 또다시 刑沖會合과 虛字論 일체를 정리하는 계기가 되었다.

得失의 交差에서 得은 온전한 하나의 干支 결합으로 나타나는 것이 定說이고, 失은 대개 干支를 불문하고 合으로 인해 羈絆, 즉 合去合絆되는 상황이나 단순히 刑沖破害 등이 야기하는 것으로 인식되어 왔다. 이상이 일차적인 得失의 형국이라면 다음으로 일어나는 이차적인 得失의 국면까지 추리해낼 수 있어야 가히 八字術의 실력자로 자리매김할 수 있다. 得의 이차적 상황은 合化五行에서 化의 여부에 달린 것이니 우선은 干合과 月令의 상관관계가 主가 된다. 여기에는 직접적인 十干끼리의 合과 刑沖으로 開庫된 藏干이 合하는 두 가지 현상이 있다. 또한 會局 역시 능히 合化의 뜻을 품게 되므로 刑沖會合은 다 같이 새로운 것을 生産해내는 메커니즘을 수립한다. 이것이 바로 破害나 여타의 動因 글자 조합과 차별되는 刑沖會合d의 特質이라 할 수 있다. 失의 이차적 상황은 刑沖으로 인해 藏干이 合去되면 해당 地支의 器物이 파괴되는 과정에서 나타난다. 더해서 會局에서는 塡倒(reverse)로 八字에 나타난 허약한 六神이 流失되는 결과를 가져온다.

▶ 得失(gain or loss)

g/s	1차	2차
得	干支物象	合化, 合局
失	干合, 支合	刑沖(開庫藏干合去), 三會顚倒

得의 국면에서 가장 실감나는 경우가 合化 五行이 月令을 얻었을 때인데, 이와 관련해서는 다음의 '八字鏢槍(BaZi Lancet)', 實得論 내용을 인용하여 정리해 보기로 하자.

▶ 八字鏢槍↟- 實得論

⇝ 行運의 干支가 動搖하여 온전한 物象을 지을 때 得.

⇝ 五合과 六沖은 得失의 交叉局面을 惹起.

⇝ 合化가 實得의 前堤.

보통 같은 五行의 干支가 결합되어야 物象을 짓고 命主는 해당 六神의 실체를 체감하게 됩니다. 이를테면 巳月 壬水 生이 丙丁 火運을 맞이하면 得財하는 바를 기대할 수 있는데 合이나 沖의 급격한 動搖 현상을 피해간다면 대략 온전한 物象의 결합을 이루어 그것을 取할 수 있습니다. 이외 干合의 경우, 일단은 運干이 象을 지으며 들어오지만 그것이 合한 命의 글자 六神은 流失되기 쉬우므로 '먼저 들고(ingoing), 다시 나가는(outgoing)'는 物象의 나들이를 실감하기 쉬운데 이때 合化의 뜻이 나타나므로 이것을 재차 取得하는지의 여부를 헤아리는 法手는 八字術 실전에서 고급 단계로 간주할 수 있습니다. 支沖은 본디 破壞의 작용을 암시하여 우선은 失로 보는 게 용이한데 다만 이때도 開庫된 藏干들 끼리 合作하여 生産하는 유형이 정해져 있으므로 이러한 상황을 구분하고 추리하는 테크닉에 익숙해질 필요가 있습니다. 實得이란 當年에 구체적인 것을 얻고 또한 그것을 충분히 실감하는 현상을 뜻하는 말인데 한 마디로 合이나 沖, 어느 상황을 막론하고 결국 干合이 合化하는 質의 성분이 得의 국면을 야기하는 중대 요인으로 작용한다는 뜻입니다. 이것은 또한 八字의 喜忌와 무관하므로 몹시 중요한 秘訣의 하나로 꼽을 수 있습니다.

↭ 合化 五行이 月令을 얻으면 보통의 干支 物象 결합보다 더욱 뚜렷한 實得이 있습니다.

干合과 마찬가지로 三會 또한 강력한 合化의 뜻을 드러내지만 이것은 勢가 지나쳐 實得 이전에 顚倒

(reverse, 反剋反生逆剋)되는 損傷의 流失이 取得에 비해 무거울 때가 많으므로 實得을 거론할 바가 못 됩니다. 아무튼 자신의 命에서 태어난 계절을 늘 염두에 두고 각 글자의 干合 五行이 일치되는 순간, 의외의 所得이나 成果, 得名하는 계기로 작동한다는 사실에 주목할 만한 가치가 있다는 것입니다.

이수[李修, 1965. 7. 30~]

		食空	傷空
庚	壬	甲	乙
戌	子	申	巳
		秋節	

'이수'는 1999년 말에 術業界에 데뷔하여 그 시작부터 실속 없이 헛된 名聲만 난무하다가 2005년 乙酉年에 들어 연관 事業을 접고 3년 남짓 停滯되었습니다. 2005년 乙酉年에는 전해 甲申年부터 준비해온 사업의 불발로 크게 損財하고, 파트너들의 동반 추락과 함께 소소한 문제들이 걷잡

을 수 없이 엉켜들었습니다. 주변이 모두 破散하고 孤立의 국면으로 치닫는 상황을 정작 그 자신은 乙木 傷官이 動搖할 때 직감하였는데 그것이 印綬와 合作하여 申月生이 生産할 무언가에 걸맞지 않은 기대를 걸고 희망의 불씨를 태우기도 했던 것입니다. 종내 實業은 敗하고 결과적으로 當年에 용인의 한적한 시골집에서 空想으로 시간을 허비하다가 命書만 十種 이상을 집필하고 출간하게 되었는데 그러한 현상은 바로 合化의 뜻이 작용했기 때문입니다.

刑沖會合(형충회합)은 비단 得失(득실)에 직접적으로 작용하는 영향력으로만 그치지 않고 成敗(성패)의 反轉(반전) 상황까지 개입한다는 측면에서 의미가 막중하다. 원칙적으로 八字(팔자) 元命(원명)의 成敗(성패)를 판단하는 基點(기점)은 한 해의 運(운), 좁혀 말하면 流年(유년)의 天干(천간) 喜忌(희기)에 좌우되는 것이다. 이렇게 成敗(성패)와 관련해서는 地支(지지)와 구분되는 天干(천간)의 작용력에 먼저 주목하는 것이 바른 관점인데 會局(회국)이 되는 시점에서는 天干(천간)보다 地支(지지)의 영향력이 우선한다. 어쨌든 扶抑(부억)이나 專旺用神(전왕용신) 등에 준하여 喜神天干運(희신천간운)에는 대개

소망하는 바가 실현되는 것으로 간주하는데 여기에 刑沖會合이 개입되면 상황이 百八十度로 바뀌는 경우가 적지 않다.

▶ 成敗(Success or failure)

s/f	1차	2차
成	喜神運干	干合運, 刑沖(開庫藏干合去)
敗	忌神運干	

일차적인 成敗와 得失의 성립이 體와 用의 관계인데, 여기에서 한발 나아가 形勢가 뒤바뀌는 상황은 곧 變이라 할 수 있다. 이와 같이 體用에서 進一步한 變의 과정을 수렴해야만 八字術의 頂點에 한결 다가선다. 결국 世事의 俗된 제일의 가치는 한 마디로 成敗(이다, 아니다; sink or swim)로 귀결되는데 바로 이

둘 하나를 맞추는 문제가 가장 어려운 단계라 할 수 있다. 세상에는 八字를 잘 본다거나 혹은 귀신같이 맞추어낸다는 인사들로 넘쳐나지만 굳이 眞假를 가려볼 필요도 없이 萬一의 진짜도 보기 어려울 것이다. 身上의 자질구레한 事案이나 變動事, 性情 일면이나 감추어진 고민 따위를 들추어내는 八字雜技類 따위야 甲子五行을 일주일 남짓 구경만 시켜도 얼마든지 驅使할 수 있도록 가르쳐 이끌 수 있다.

까닭에 成敗를 가늠하는 法手는 일반 實技와는 차원이 다른 複式 推命術의 고급 영역이라 할 수 있다. 그러니 독자들, 어떤 術客이 그대의 離婚이나 病歷 따위의 일반적 過去事를 얼추 다 묘사했다 할지라도 그가 예견한 미래사의 成敗 또한 들어맞을 거란 부질없는 기대는 하지 않는 게 옳다. 내가 體와 用의 구분에

밝은 인사는 드물게 보았어도 變까지 포괄하는 절대 高手를 본 일이 없다. 이것은 비단 국내뿐만 아니라 韓中日 삼국을 통틀어서도 마찬가지일 것이다. 어느 古書도 命理의 體, 用, 變 三位를 포괄 수렴하는 경계를 보여주지 못했고, 이는 곧 완전한 지식체계를 전수한 先學들의 부재를 뜻한다. 溫故와 知新 어느 하나만으로는 온전할 수가 없는 법인데, 지금은 溫故도 틀렸고 知新도 희망이 없는 가벼운 아마추어리즘(amateurism)이 대세가 되었다.

결론지으면 八字의 變은 空亡法과 刑沖會合으로 테두리를 정할 수 있다. 이중 空亡은 五行의 生旺死絶, 十星法과 밀접하게 연관되므로 '體의 變'에 가까운 테마고, 刑沖會合의 분야는 成敗得失과 직접 관계되어 '用의 變'으로 구분할 수 있다. 살펴보면 命理의 역사는 1기 祿命(록명)의 古法(고법)과 2기 子平(자평)의 新法(신법) 이래 근세의 3기 徐樂吾(서락오)에 이르기까지 끊임없는 體用(체용)의 분화 과정으로 요약할 수 있는데, '子平眞詮(자평진전)리뷰'에서 矯正(교정) 진전된 體用(체용) 分割(분할)의 확고한 틀을 세운 시점부터 命理(명리)의 4기 시대로 진입했다고 보면 별반 틀림이 없을 것이다. 이후 體用(체용)에서 變(변)으로 貫通(관통)해 나가는 新思潮(신사조)가 현대 사회에서 命理(명리)가 완성된 學文(학문) 체계로 지위를 확고히 하는 데 결정적인 기여를 하게 될 것임은 두 말할 필요가 없다. 古人(고인)들의 이론은 한 마디로 變(변)의 영역에서 선명치 못했다.

▶ 八字入門(BAZI PRIMER SERIES),

體用變 學習 體系

	體	用	變
體	干支八字	六神物象	
	五行十星		空亡秘鑰
用	生旺死節		刑沖會合
	六神物象		
變	空亡秘鑰		
	刑沖會合		

서두에서 刑沖會合이 중요한 것은 이상이 모두 八字를 강렬하게 搖動시키는 힘을 나타내기 때문이라 했다. 삶의 변화는 모두 八字가 動한 결과물이다. 動은 運의 干支로부터 派生된다. 八字 元命과 大運 또한 그 자체로 動하는 작용이 없는 것은 아니다. 하지만 이것은 어디까지나 空間, 즉 體神의 영역이기 때문에 流行하는 時間, 用神 필드의 작용력에 미치지 못하

고 의미 또한 다르다. 다시 말해 八字 體가 大運 用에 의해 十年 동안 空間的 運氣의 成衰를 암시하고 있으면, 직접적인 變化의 發生은 流年 干支運의 動力에 의해 觸發되는 것이다. 이 같은 측면에서 命運을 體用으로 다시 八字와 大運을 體로, 歲月을 用으로 분할할 수 있다.

八字의 動因이 되는 流年運에서 일반적으로 干支의 數나 象의 不調和가 나타날수록 動搖하는 힘은 한층 더 뚜렷하게 나타난다. 이것은 대개 心身을 고단하게 하고 禍厄의 근원으로 작용하기 쉬운데 刑沖破害가 다 같은 공통점이 있다. 이중 破害는 구성 원리로 볼 때 刑沖의 위력에는 미치지 못하므로 地支를 開庫시키는 현상으로 나타나지 않는다. 즉 刑沖의 開庫가 야기하는 合化의 生産, 긍정적인 기능이 없다는 애기다.

결론적으로 干支의 작용에서 유독 刑沖會合을 따로 거론하는 것은 그곳에 合化나 合局으로 인한 生産의 得 기능이 존재한다는 점에 연유한다. 刑沖會合에는 生産과 破壞의 損益이 공존하고, 破害에는 거의 損失만이 있다는 얘기다. 다만 八字의 刑沖을 破害가 動搖시키면 잃는 가운데 얻는 것이 있을 수 있다.

▶ 損益(profit and loss)

p/l	損	益
刑	開庫合去器物流失	開庫合化, 開庫不合成器
沖		開庫合化
會	五行顚倒(reverse)	合局
合	干合去, 支合絆	合化
破	分離, 犬猿, 傷害	해당사항 없음
害		

1. 원리(原理, Principle)

1. 刑

刑은 三會를 河圖, 洛書에 결부시켜 抽象할 수 있다. 五行十星(Module 3)의 '合沖' 편에서는 三會의 三合과 方合을 '金 대 金, 水 대 木, 木 대 水, 火 대 火'로 짝을 지어 조합되는 글자로 刑의 원리를 설명했는데 여기서는 河圖와 洛書를 그대로 오버랩(overlap)시켜 '金 대 火'의 相剋 관계에 주안하여 三刑(The Three Penalties)을 설명해 보기로 한다. 이것은 天地間 각각의 위치에서 五行의 각 자리를 살펴볼 때 같은 범위에서 존재하지 않으므로 불안정한 氣勢로 나타나는 현상을 의미한다. 간혹 金刑(금형)과 火刑(화형)의 同氣增幅(동기증폭) 현상이 과연 地支(지지)를 開庫(개고)시킬만한 힘을 갖는지에 대해 일말의 의구심을 갖는 학습자들을 발견할 수 있는데, 이때는 三會(삼회) 五行(오행)이 相衝(상충)되는 관계로 자리를 배치하여 刑(형)의 開庫(개고) 현상을 설명할 수도 있으므로 이 방법을 택한 것이다.

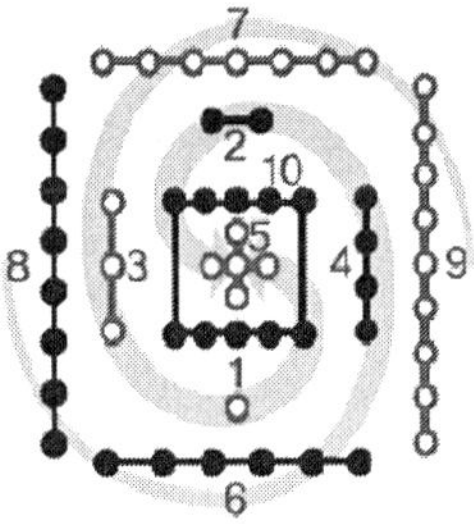

하 도

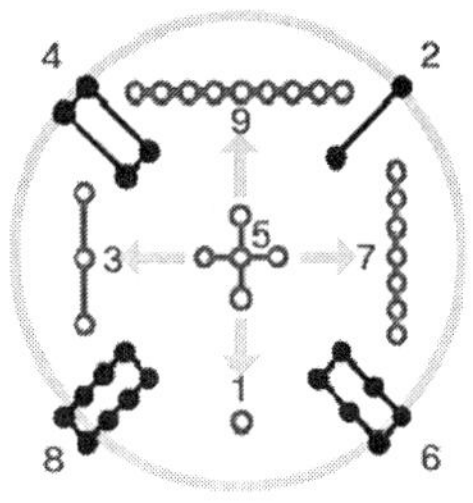

낙 서

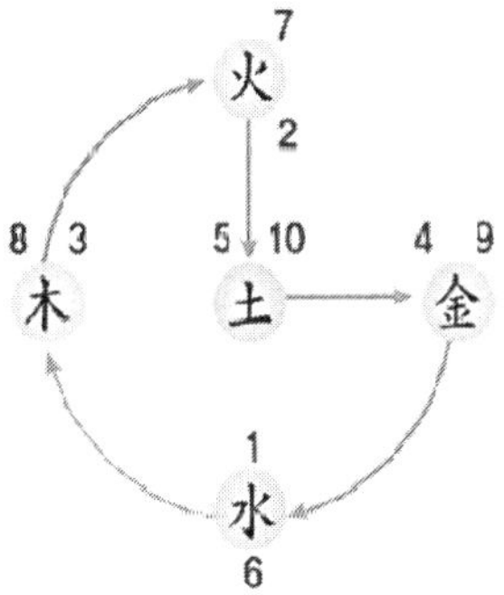

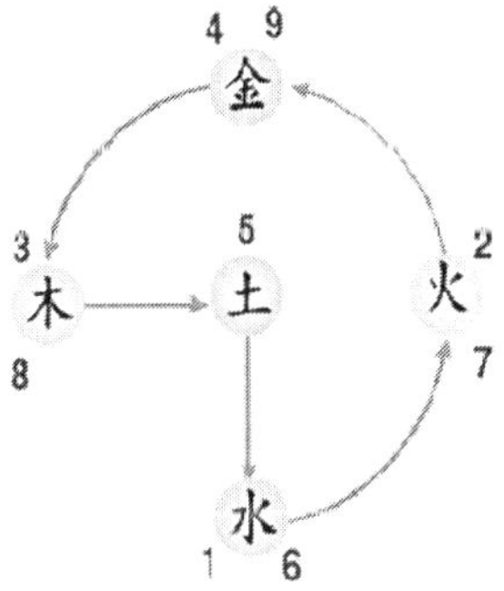

앞의 그림 洛書(낙서)에서 추출된 오른편의 五行(오행) 相剋圖(상극도)를 왼편 相生圖(상생도)로 옮겨 그대로 겹치면 水(수)와 木(목)의 자리는 일치하고, '火(화) 대 金(금)'의 자리로 짝짓는 상황이 연출된다.

▶ 刑構成(형구성)의 두 가지 버전

i. 同氣增幅(동기증폭)

河圖(하도)	金(금)			水(수)	木(목)	火(화)		
局(국)	巳(사)	酉(유)	丑(축)			寅(인)	午(오)	戌(술)
方(방)	申(신)	酉(유)	戌(술)			巳(사)	午(오)	未(미)
洛書(낙서)	金(금)			木(목)	水(수)	火(화)		

ii. 三方相衝

河圖	金			水	木	火		
會	申 巳	酉 午	戌 未			寅 巳	午 酉	戌 丑
洛書	火			水	木	金		

'同氣增幅'을 보자면 金刑과 火刑에서 自刑을 제외한 나머지 글자 조합을 三刑으로 취했는데, '三方相衝'에서는 金火와 火金의 相剋 관계로부터 각기 方合과 三合의 글자로 대조하여 三刑의 글자 조합을 도출한다. 이때 午와 酉는 刑의 글자로 취하지 않으나 이 또한 順四逆十의 數之極 배열로 五行 相剋이 부조화를 나타내는바 刑이 내포하는 謠動의 작용력이 나타난다. 이와 같이 金과 火의 자리를 겹쳐 놓으면 亥와 辰이 빠진 寅申巳와 丑戌未의 세 글자 三刑을 확인할

수 있다.

▶ 三刑(삼형)

洛書(낙서)	火(화)		
三會(삼회)	寅(인) 巳(사) 巳(사) 申(신)	午(오) 午(오) 酉(유) 酉(유)	戌未(술미) 丑(축) 戌(술)
河圖(하도)	金(금)		

2. 沖(충)

沖(충)은 陰陽五行說(음양오행설)에서 가장 선명한 원리 체계로 설명되는 논리라 할 수 있다. 한 마디로 沖(충)은 陰陽(음양) 不配(불배)

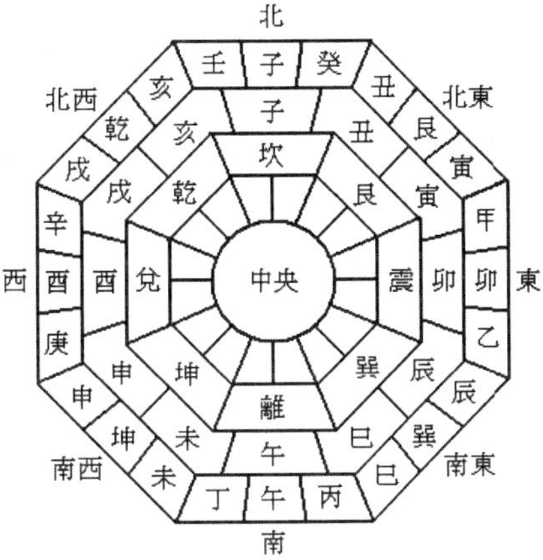

偶와 五行이 相剋된 글자로 짝을 이루는데, 이것은 엄밀히 글자를 땅바닥에 平面으로 배치했을 때 서로 마주보며 대립하는 對沖의 글자 조합이다.

위 방위도의 三線, 十二支 배열에서 相對하는 글자의 조합이 支沖인데 子午, 丑未, 寅申, 卯酉, 巳亥, 辰戌의 六沖을 살필 수 있다. 마찬가지로 四線 十干에서도 相對하는 각 글자의 조합으로 干沖을 말할 수 있는데 이때 戊己土는 天頂(zenith)과 天底(nadir)를 中央(center)의 범위로 모두 끌어놓은 방위로 정해져 궁극적으로 支沖과 같은 평면의 배열이 불가하다. 까닭에 八字術 실제에서 干沖이라는 용어를 잘 쓰지 않으며 다만 五行의 生剋制化 측면에서 貼한 글자의 制伏 여하에 따라 八字 格局의 成敗를 조율할 때를 위주로 해서 활용하는 선에서 활용한다. 결론적으로 支沖은 開庫의 현상을 수반하여 合化라는 生產적인 기능을 수행하지만, 干沖은 益과 무관하므로 刑沖會合이 말하는 沖에 속하지 않는다.

支沖이 성립되려면 十二支를 다 같이 땅에 固着된 質의 평등한 입장에서 평면 방위로 논한 것인데, 이와 달리 十二支를 空間에 배치하면 相對의 개념이 아닌 같은 圈域 대의 글자 조합으로 陰陽의 짝을 이루게

된다. 이것은 몹시 중요한 의미를 갖는다. 한 울타리에 놓인 陰陽의 두 글자는 合을 짓기 마련이다.

支合에는 두 가지가 있다.

첫째는 貴合이고 둘째는 六合이다. 이것은 어렵지 않게 地軸(earth axis)과 연관지어 思惟해 볼 수 있는데 우선 貴合은 洛書의 軸과 통한다.

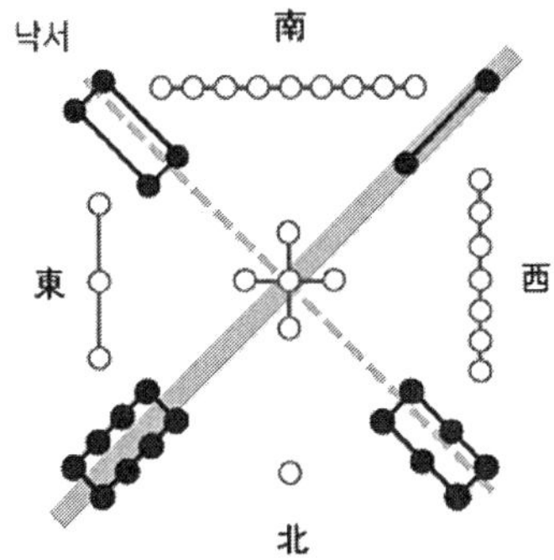

洛書의 數를 그대로 담은 文王八卦에 十二支에 배속하면 艮, 丑土와 坤, 未土로 지금의 地軸 기울기 (23.5°)와 거의 일치하는 불안정한 상태를 확인할 수

있다.

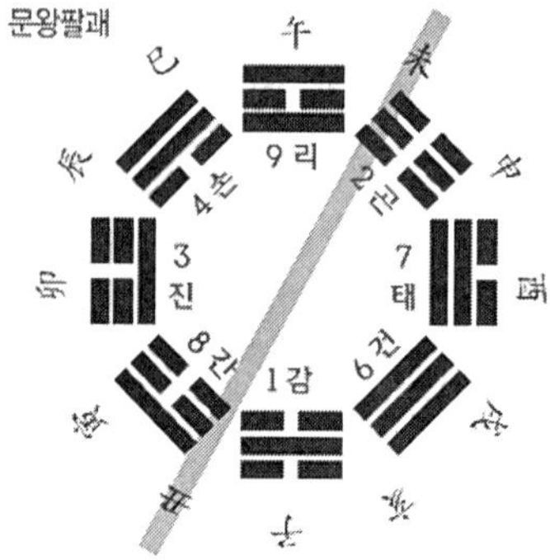

이렇게 불완전한 상황을 극복하고 均衡을 도모하는 작용으로 地軸을 기준으로 한 각 圈域대별 陰陽의 글자는 合을 이룬다. 그림을 살피면 左에서 右로 '巳卯, 寅午, 丑未, 申子, 亥酉'의 글자 조합을 유추할 수 있다. 이것이 바로 貴人의 合이다. 天乙貴人은 干支 상호간의 衡, 中和를 도모하는 절묘한 글자들의 조합으로 구성되는데 진정한 貴人은 陽貴와 陰貴의 두 글자를 모두 八字에서 보아야만 그것을 논할 수 있다. 經

에 貴人은 沖으로 貴를 잃고 合으로 顯한다 했는데 이때의 合이란 엄밀히 따져 陰陽의 兩貴를 모두 갖춘 貴合을 뜻한다.

그러므로 十二支를 地支끼리의 관계에만 초점을 맞추면 丑未가 沖이 되지만, 이들을 空間에 배열하고 干支 상호간의 작용에 주안하면 丑未는 合이 된다. 이를테면 甲戊庚이 丑未를 보면 이때 陽貴, 天乙과 陰貴 玉堂의 兩貴 모두를 갖춘 眞貴를 논해야지, 沖으로 貴減을 말해서는 안 된다. 또한 八字에서 貴落空亡은 몹시 꺼리는 현상인데 兩貴를 갖추었다면 이미 貴合된 것으로 空亡이 적용되지 않는다. 이때 貴人의 두 글자가 떨어져있어도 合의 작용은 나타나므로 影響 또한 무시할 바가 아니라는 점에 유의해야 한다. 李虛中命書에 貴人 자리의 干合도 好命으로 여겼는데 干

支가 공히 流行하는 空間의 영역에서는 影響과 마찬가지로 遙繫 또한 헛된 것이 아니다.

貴合과 달리 六合은 地軸이 바로 선 河圖 相生의 象에 근접하는 十二地의 배열에서 비롯되는데, '子丑, 寅亥, 卯戌, 辰酉, 巳申, 午未'로 陰陽의 짝을 이루는 圈域을 확인할 수 있다. 즉 軸의 기울기가 伏羲八卦의 象과 완전한 일치를 이루는 것은 아니므로 干合과 같이 一體가 되는 合化와는 일말의 차이가 있다. 까닭에 六合이 표출하는 合五行은 合化五行과 달리 특별한 조건에 부합되지 않는 한 象으로만 맺히고 物의 實得으로 체감되는 경우가 드물다.

3. 會

三會는 세 글자의 合을 말한다. 同氣를 띠는 글자들이 모여 氣의 集合을 이루고 강력한 勢力圈을 짓는 현상을 會라 한다. 응집된 旺氣는 먼저 八字의 衰神들을 沒死시키는 顚倒(reverse) 국면을 야기할 때가 많다. 會가 지니는 긍정적인 生産의 의미는 八字에 없는 虛神(invisible god)을 觸發시키거나 合化를 성립시켜 得益을 구체화하는 데 있다. 이를테면 坤命에 財旺하면 無官해도 夫德이 있다는 애기와 통한다.

方合은 洛書에 배열된 十二地를 四方의 方位圈으로 묶어 '寅卯辰, 巳午未, 申酉戌, 亥子丑'과 같은 세 글자의 조합 地帶로 성립되는데, 同氣의 陰陽 두 글자가 만나 四土의 안식처를 두게 되니 몹시 有情한 會合이 되는 것이다. 보통 땅에 寄着된 質의 合은 온전한 一體로 변하기 어려운데 土가 배합되면 한결 合力을 제고한다. 비유하자면 男女가 서로 떨어져 있지 않고 같은 동네에 살므로 緣分을 맺을 가능성이 높은 가운데 土의 安息處를 구한 셈이니 合의 농도가 짙다는 얘기다. 까닭에 이 세 글자는 다 같이 具備되어야만 合局을 지을 수 있고 또 合했다 해도 干合과 같이 각자의 기능을 잃지 않는 특징이 있다.

方合과 달리 三合은 地面이 아닌 空間 圈域의 會合이다. 그래서 方合과 달리 半合이 성립되는 것이다. 三合의 勢力圈을 평면으로 나타내면 흡사 河圖의 五行 相生 배치와 같다.

삼합도

古書의 干支會合理化에서 合化와 不化의 조건을 명기한 대목을 살피면 干合과 거의 동등한 개념으로 다루는 게 三合이다. 이를테면 가령 亥卯未 木局을 지어도 春冬月의 旺相期에 生하지 않은 한 化木이 되지 않고 不化하는 것으로 설명한다. 그러나 어찌 三合이 干合과 같을 수 있으랴. 비유컨대 이 또한 方合과 마찬가지로 陰陽의 두 글자가 配偶를 이루어 同氣의 庫地에서 蜜月을 즐기는 격이지만 同氣의 一氣로 충만할 뿐이지 새로운 個體를 生産하지는 못한다. 다만 간히고 어두운 공간에서 자신의 屬性을 잃는다는 점에서는 方合과 차별되고 干合과 같은 성질을 띠게 된다. 合局이 나타내는 하나의 旺氣는 이미 六神物象(Module 4)에서 언급한 것처럼 月令을 얻는 것과 무관하게 드러난다.

4. 合

合에는 五合과 六合이 있는데 이는 곧 干合과 支合을 말한다. 六合은 의미의 대강을 앞의 沖에서 설명했으므로 여기서는 干合을 주로 논하겠다. 干合이야말로 生産과 得益의 진정한 작용력이라 할 수 있다. 刑沖도 결국 開庫로 야기되는 干合의 合化와 不化 여부에 따라 得失을 계량하는 측면에서 긍정적인 의미를 내포한다.

그렇다면 무엇이 合을 이루는가. '甲과 己, 乙과 庚, 丙과 辛, 丁과 壬, 戊와 癸'가 각각 合을 짓는다. 合論에는 五行說이 개입될 여지가 별로 없다. 오직 陰陽의 한 글자씩이 相合하는 陰陽說로 다 설명된다. 命理가 五行說을 축으로 陰陽說을 결부시키지 않으면 안 될 절대 요인이 바로 合論에 연유한다. 그런데 陰陽이 무조건 合하는 게 아니고 合할 수 있는 조건이 갖추어져야 한다. 우선은 같은 圈域에서 서로 존재해야 하는 것이다.

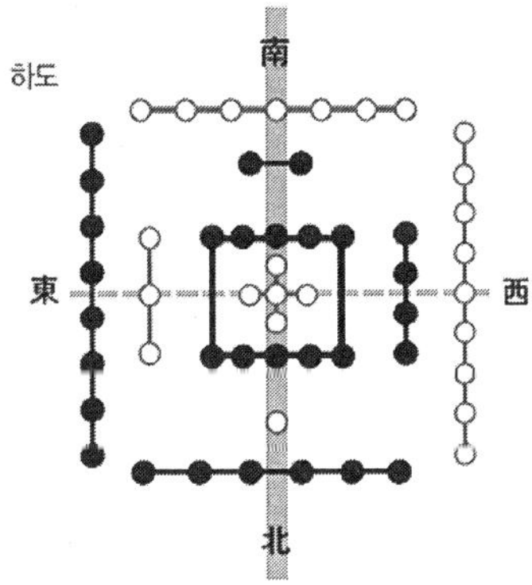

十干의 配合 圈域은 河圖에서 바로 유추해낼 수 있

다. 河圖의 數는 '一과 六, 二와 七, 三과 八, 四와 九, 五와 十'이 각각 서로 合하는 뜻이 있음을 나타낸다. 이것을 十干의 數象 차례로 적용하면 一甲이 六己와 合하고 二乙이 七庚과 合하는 작용을 쉽게 설명할 수 있다. 그런데 왜 甲己가 合하면 土로 化하고, 乙庚이 合하면 金으로 化하는 것일까. 여기에는 두 가지 說이 존재한다. 먼저 五行이 있기 전에는 필시 陰陽老少가 있었고 水火木金의 氣가 대립하여 土를 형성하니, 五行의 끝자리에 있는 土가 甲己化土로 먼저 시작되는 이유는 水火木金의 質이 土에 依託하기 때문이라는 것이다. 이를테면 水는 土가 아니면 흐르지 못하고, 火는 土가 없이 태울 수 없으며 金은 土가 없이 生하지 못하고 木은 土가 없이 生長할 수 없다는 뜻이다. 따라서 土로 시작해서 金, 水, 木, 火의 순서로 각각의 干合이 生産하는 個體를 논했는데 그리 매끄러운 설명은 아니라고 생각된다.

合化의 다른 一說로는 遇龍則化라, 즉 辰龍을 만나면 化한다고 했으니 甲己年에는 戊辰月이 되므로 甲己合土요, 乙庚年에는 庚辰月이 되므로 乙庚合金이 되는 식으로 이어지는 논리가 있다. 適天髓闡微에서 任鐵樵는 十干이 合하면 변화되고 반드시 五土를 얻은 연후에 완성된다 했는데, 이 五土가 곧 辰으로 春節에 생물이 體를 이루고 氣가 열려 활발해지니 草木의 싹이 辰月에 나타나는 현상으로 化氣의 元神이 發露함을 설명했다. 明代 陶宗儀는 甲己年은 丙寅 月建이 시작되어 丙火가 土를 낳으니 甲己合土가 된 것이고, 乙庚年에는 戊寅 月建이 시작되어 戊土가 金을 낳아 乙庚合金이 된다 했으니 다 같은 말이다.

어쨌든 十干은 서로 신속하게 合하고 合하고 나면 자신의 屬性은 잃게 되는 合體를 이루어 새로운 氣運을 生産하는 뜻을 發한다. 八字術 實戰에서 合化를 능히 體感할 수 있는 바를 實得이라 하고 이때 命主는 분명 구체적으로 얻는 것이 있음을 실감한다. 이와 달리 象만 잡히고 손에 쥐는 것은 없는 경우 또한 허다한데 이때는 合化가 아닌 不化의 경우다.

▶ 合化

合化五行	合	合化의 成立
木	壬丁	月令 寅卯, 運支 寅卯, 會木局
火	戊癸	月令 巳午, 運支 巳午, 會火局
土	甲己	月令 巳午辰戌丑未, 運支 巳午辰戌丑未
金	乙庚	月令 申酉, 運支 申酉, 會金局
水	丙辛	月令 亥子, 運支 亥子, 會水局

2. 형(刑, Penalties)

八字의 干支는 일차적으로 '干 대 干, 支 대 支'로 상호 작용한다. 다음으로 支의 動搖가 干에 미치는 영향력을 살피게 되는데 이때 뚜렷한 현상으로 나타나는 地支의 작용은 三刑과 三會에서 찾을 수 있다.

▶ 三刑三會

三刑	火金의 十干 六神	殺, 傷, 劫, 梟의 四凶神에 주안
三會	顚倒(reverse)되는 無根한 天干	合局五行 대비 官殺의 逆剋 현상에 주안

刑을 數로 말하자면 十數之零으로 極에 이르러 결국 滿招損의 厄이 닥친다는 것인데 三刑과 相刑, 自刑 등이 각각 다른 것이다. '寅巳, 巳申, 寅申, 丑戌, 戌未, 丑未'로 구분되는 三刑은 開庫의 작용력을 수반하여 合化의 生産 가능성을 품지만 이외는 자체적으로 生産하는 기능이 없고 대개 損失로 귀결되기 십상이다. 그렇다면 相刑, 自刑에는 得益의 의미가 전혀 나타나지 않을까. 그렇지 않다.

坤命,

癸 丁 庚 辛
卯 酉 子 丑 ◁ 酉年

辛丑生은 日時支가 卯酉沖이지만 八字 元命의 體神 자체에서는 卯酉沖이 沖動하려는 機微로만 보일 뿐 직접적으로 動하지는 않는다. 酉運에 酉酉刑으로

刑動하면 財動하여 몸이 고단해지지만, 그것으로 得財를 단정할 수 없다. 즉 自刑 자체로는 得益의 상황보다 財貪으로 인해 心身이 고단해지는 결과만을 언급할 수 있다. 그런데 酉酉刑이 八字의 卯酉沖을 沖動하도록 힘을 싣는다. 이로 인해 開庫된 卯中 乙木이 月干의 庚金과 合하여 化金하려는 뜻을 품게 된다. 이때 化金 내지 不化의 문제는 전적으로 月令에 달렸는데 子月生으로 계절을 얻지 못했다. 따라서 이 해에 들인 功은 결국 헛수고로 끝나기 십상이다.

하지만 戊申 大運 중의 기간이라면 이야기가 달라진다.

坤命,

癸 丁 庚 辛　戊
卯 酉 子 丑　申 ◁ 酉年

乙庚合은 運支 申金의 계절을 얻어 능히 救財하는 결과를 보았다. 결론하자면 酉年에 辛丑生은 酉酉刑으로 온갖 愁苦와 投資(乙木 문서와 庚金 財의 合)를 아끼지 않았다. 이것은 自刑이 초래한 失의 측면이다. 어쨌든 命主는 當年에 乙庚合이 金으로 化하는 시점을 맞이하여 財物을 수중에 넣었다. 이것은 自刑이 불러 온 實得의 현상이다. 한 마디로 自刑 자체로는 開庫와 무관하지만 후차적인 開庫 현상을 야기했으므로 종래에는 得益으로 연결되는 결과를 본 셈이다.

이 대목에서 독자들은 動搖(rolling)의 상황과 관련해서 중요한 개념을 도출해낼 수 있다. 쉽게 말해 비단 刑沖會合뿐만 아니라 破害 등노 八字나 大運에서 刑沖이 성립되어 있다면 開庫 현상을 야기하는 動力이 되니 간과할 바 아니라는 점을 분명히 인식하게 된다. 즉 世事의 모든 변화는 干支가 動하는 현상에서 類推할 수 있는데, 八字를 動하게 하는 글자의 조합에 대해 보다 정리된 지식체계를 갖출 필요가 있다.

두 가지다. 첫째 刑沖會合을 위시하여 비교적 八字를 세게 動하도록 만드는 글자의 조합은 모두 數와 象이 부조화되거나, 불안정한 형태로 드러날 때 성립된다. 둘째 각 글자 조합의 우선 작용력을 알고 있어야 한다. 이를테면 巳申은 合도 되고 刑도 되는데 어느 작용에 무게를 실어야 하는지를 命理家들이 잘 알지 못한다. 또 寅亥는 合도 되고 破도 되는데 현상에서 어떻게 적용하는지를 모른다. 답은 간단하다. 巳申은 刑을 먼저 보고 다음으로 合을 본다. 寅亥는 合을 먼저 보고 다음으로 破를 본다. 이를테면 巳와 申이 刑이 될 때는 이 두 글자의 開庫 현상이 즉각 일어난다. 이때 合去나 合化의 현상이 나타나지 않으면 후차적으로 이 두 글자가 合(합)으로 묶이는 현상이 나타난다. 마찬가지로 寅亥(인해)는 일단 合(합)을 이루었다가 대개 十惡(십악)의 破(파)로 귀결되는데 여타의 작용력이 개입되지 않는 한 地支(지지) 器物(기물)의 破壞(파괴)를 초래하지는 않으므로 心身(심신)의 다소 孤單(고단)해지는 형국에 처하는 선에서 종결되기 쉽다. 干支(간지) 각 글자 조합이 지니는 動力(동력)의 우선순위를 구분하면 다음과 같다.

▶ 干支動力先後(간지동력선후)

一線(일선)	二線(이선)	三線(삼선)	四線(사선)	五線(오선)	六線(육선)	七線(칠선)	八線(팔선)
干合(간합)	三會(삼회)	六沖(육충)	刑(형)(十數(십수))	半合(반합)	破(파)(四數(사수)),害(해)	鬼門(귀문)(六數(육수)),怨嗔(원진)	生動(생동),着(착)(같은 글자)
	三刑(삼형)	六合(육합)					

이제 八字(팔자) 命主(명주)의 각 글자를 動(동)하게 하는 글자 조합이 너무나 광범위하게 걸쳐 있음을 알게 되었다. 까

닭에 十二支 상호 간의 글자 조합에만 한정해도 어느 글자 하나에도 마음을 놓을 수 없다는 점도 깨닫게 되었을 것이다. 命理는 먼저 命主 자신이 겪는 모든 현상의 因果를 빠짐없이 파악하고 깨닫는 시점부터 시작되어 그것으로 끝난다. 즉 命理는 始終을 포괄한다는 얘기다. 또한 그만큼 世事는 번거롭게 다양한 데가 있는 것이다. 한 번 더 연습해보자.

坤命

壬 甲 癸 壬　戊
申 辰 卯 寅　戌 ◁ 亥年

大運에 辰戌沖이 성립되어 있다. 혹자는 戌運에 卯戌合을 지었다가 辰戌沖이 되어 合이 해소된 것으로 볼지도 모르겠다. 壬寅生은 이미 方局을 지어 실은 六合이 개입될 여지가 없다. 또한 合과 沖이 중복되면 대개 害가 발생하여 세 글자가 모두 動搖하므로 이론과 실제가 다르다는 점을 숙지해야 한다. 어쨌든 命運은 모두 體神의 범주로 일단은 情物로서 존재하며 일단의 機微만 느껴지게 할 뿐이다. 亥年에는 辰亥 鬼門이 動한다. 鬼門이 무거운 게 아니라 이차적으로 辰戌沖을 불러오는 역할에 더 무게를 두어야 한다. 이때는 水火土의 入墓가 진행되니 어찌 두렵지 않겠는가.

예나 지금이나 命書는 貴人이나 白虎, 鬼門이나 怨嗔이 단지 두렵다고만 기술하고 있다. 그게 아니면 五行 生剋制化의 협소한 틀을 벗어나는 글자의 조합(神殺)을 알량한 지식체계로 부정해 버리기 일쑤다. 이런 태도는 다 刑沖會合의 일차적인 合化, 得과 合去와 入墓, 物壞의 失이 교차하는 法手를 정확히 헤아리지 못했기 때문에 취해지는 좁은 스탠스다. 그러니 刑沖會合 이외의 글자 조합 또한 지니는 動力, 즉 재차 刑

沖會合(충회합)을 흔들어내는 이차적인 현상까지 접근하기가 실로 어려운 일이다.

江湖(강호)와 講壇(강단)의 先生(선생)들, 모르는 것은 흠이 아니나 자기중심의 좁은 생각에 집착하여 다른 사람의 의견이나 입장을 고려하지 아니하고 자기만을 내세우는 我執(아집)은 좀 곤란하다. 萬事(만사) 因緣(인연) 따라 흘러가는 것으로 치부하면 그만이겠지만, 넘쳐나는 後學(후학)들의 십 수 년 努苦(노고)를 헛되게 한다면 몹시 씁쓸한 얘기가 아니겠는가.

이즈음에서 十二支(십이지) 모두의 글자를 풀어 헤친 다음 각 글자 조합의 動因(동인) 사항을 動力先後(동력선후)로 따져 정리해 보겠다.

▶ 地支組合動因(motive)

지지조합동인

D.F.	子	丑	寅	卯	辰	巳	午	未	申	酉	戌	亥
子	子子着	子丑合		子卯刑	子辰會		子午沖	子未害	申子會	子酉破		
丑	子丑合	丑丑着			丑辰破	巳丑合	丑午害	丑未沖		酉丑會	丑戌刑	
寅			寅寅着			寅巳刑	寅午會	寅未鬼	寅申沖	寅酉怨	寅戌合	寅亥合
卯	子卯刑			卯卯着	辰卯害		午卯破	卯未會	卯申鬼	卯酉沖	卯戌合	亥卯會
辰	子辰會	丑辰破		辰卯害	辰辰刑				申辰合	辰酉合	辰戌沖	辰亥鬼
巳		巳丑合	寅巳刑			巳巳着			巳申刑	巳酉會	巳戌鬼	巳亥沖
午	子午沖	丑午鬼	寅午會	午卯破			午午刑	午未合		午酉破	午戌會	
未	子未害	丑未沖	寅未鬼	卯未會			午未合	未未着			戌未刑	亥未合
申	申子會		寅申沖	卯申鬼	申辰合	巳申刑			申申着			申亥害
酉	子酉破	酉丑會	寅酉怨	卯酉沖	辰酉合	巳酉會	午酉破			酉酉刑	酉戌害	
戌		丑戌刑	寅戌合	卯戌合	辰戌沖	巳戌鬼	午戌會	戌未刑		酉戌害	戌戌着	
亥			寅亥合	亥卯會	辰亥鬼	巳亥沖		亥未合	申亥害			亥亥刑

八字術에 글자를 動하게 하는 여러 가지 요인들이 존재하지만 비교적 현저한 사항으로는 虛字(暗神)의 작용력을 제외하고는 위의 動因 조합에서 언급한 것으로 거의 모두를 수렴한다. 이외로는 運支가 生하는 八字 地支에 포커스를 맞추어 生動하는 현상을 눈 여겨보기도 한다. 앞에서 合化의 得을 주로 강조했는데 得의 측면에서 매우 유용하게 적용할 수 있는 재료가 하나 더 있다. 그것은 月支가 動하는 상황에서 비롯된다. 刑沖破害 어느 것이든 月支를 動搖시키면 月支의 器物이 파괴되지 않는 한 八字에서 이미 月令을 얻어 旺氣를 띤 六神들이 發現한다. 이를테면 財旺한 命에서 月支가 搖動하면 번거로움은 피할 도리가 없지만 비록 財와 무관한 運일지라도 救財하는 바가 적지 않을 것이다.

天干과 결부되지 않는 地支 자체의 상호 작용을 살필 때 하나의 규칙이 있다. 이를테면 두 글자나 세 글자의 刑沖會合 등을 적용할 때 각 글자가 貼한 상태에서만 고려한다는 것이다. 다시 말해 떨어져 있는 글자끼리의 작용은 좀체 인정하지 않는다. 滴天髓의 影響遙繫旣爲虛가 바로 이 말이다. 그런데 六神物象(Module 4)에서 때때로 遙合, 遙沖의 상황을 설명하는 대목을 본 적이 있을 것이다. 이것은 둘 다 맞는 말이다.

八字가 體의 靜物로 존재할 때는 붙어있지 않는 두 글자가 상호 작용을 하지 못한다. 그러나 運의 動因으로 八字가 흔들리기 시작하면 떨어져 있는 글자끼리도 작용하는 현상으로 나타날 때가 있다. 다시 말해 '體냐, 用이냐'에 따라 글자의 작용력과 작용 범위가 달라지는 것으로 이해면 된다. 일단은 命例를 통해 地支의 작용에만 한정해서 연습해보자.

乾命

戊 甲 己 壬

辰 戌 酉 辰

壬辰生은 年月支의 辰酉合과 日時支의 辰戌沖이 성립되어 있다. 하나의 보기로 年支 辰은 貼한 酉의 글자와 관계를 나타내지, 떨어져 있는 日時支의 글자에는 영향력이 미치지 못한다. 또한 元命은 부동의 體로 靜物이기 때문에 八字 자체로 合沖의 작용력을 별달리 거론할 필요가 없다.

乾命

戊 甲 己 壬

辰 戌 酉 辰

乙

卯

지금은 乙卯運이다. 大運은 八字, 體에 대응하는 用으로 구분된다. 즉 여기에는 動의 개념이 스며있다는 얘기다. 이것은 卯라는 글자가 八字의 四支 전체의 범위에 영향을 미칠 수 있다는 뜻이다. 卯酉가 沖하고 卯戌이 合하며 辰은 害한다. 그러나 아직은 沖合害의 구체적인 결과를 언급할 수 없다. 보통 大運은 格局의 成敗와 用神의 變化를 주관하여 기간 중의 運氣 高底를 헤아리는 틀로 적용한다. 즉 글자의 動力이 실제로 나타나는 현상과 접점을 이루는 게 아니므로 動因의 결과 면에서 流年 歲月과는 판이하게 다른 국면이다.

乾命

戊 甲 己 壬 乙
辰 戌 酉 辰 卯
丁
亥

壬辰生이 乙卯運中 丁亥年을 맞이했다 치자. 먼저 大運의 卯와 木局을 짓는다. 만일 運支와 특별한 글자 조합의 관계가 성립되지 않으면 바로 年月日時 순으로 각 글자와의 관계 조합을 논할 수 있다. 즉 動物의 干支는 작용 범위에 구애를 받지 않는다는 뜻이다. 앞의 動因表를 참고하면 亥는 亥卯 半合 이외 年時支의 辰과 鬼門이 성립됨을 알 수 있다. 이때 動力의 先後에 따라 鬼門보다 合局에 더욱 무게를 둔다. 半合이 아닌 三合을 이루었다면 그 자체로 각 글자는 기능을 상실하게 되어 오직 合을 논할 뿐 鬼는 염두에 둘 바가 아니다. 이상은 모두 '八字術파이널블로'에서 구제석으로 명기한 先後의 각론에 속하는 내용이다.

그러나 三會 혹은 刑沖 開庫로 인한 藏干의 合으로 해당 地支의 기능이 상실되지 않는 한, 글자의 動力은 그 의미가 퇴색되지 않는다.

乾命

戊 甲 己 壬
辰 戌 酉 辰
乙
卯
丁
亥

실상 壬辰生은 丁亥年에 亥卯半合보다 辰亥 鬼門의 작용력이 더욱 重하다. 亥는 卯와 먼저 半合을 이루었지만 각 글자는 기능을 상실하지 않았다. 이때 鬼가 무거운 게 아니라 鬼가 促進하는 卯酉沖과 辰戌沖의 상황이 한해 身邊의 變化 현상을 대표한다. 이를테면 애초에 辰酉合으로 官이 束縛되어 官道는 停滯되는 듯하다가 卯酉沖으로 乙庚合化하니 官祿이 살아난다. 또한 財庫를 沖動하니 六親과 別居하는 형편을 예고한다.

▶ 動力失持

<table>
<tr><td>干合</td><td>三會</td><td>三刑</td><td>六沖</td><td>六合</td><td>半合</td><td>破害</td><td>鬼門怨嗔</td><td>着</td></tr>
<tr><td colspan="2">動力喪失</td><td colspan="2">動力喪失
(器物破壞)</td><td colspan="5">動力維持</td></tr>
</table>

이제 搖合, 搖沖을 말하겠다. 가령 壬辰生이 巳時에 出生하고 酉年을 맞이했다 치자.

乾命

己 甲 己 壬

巳 戌 酉 辰 ◁ 酉年

酉酉刑은 辰酉 合動을 유발하고, 다음으로 月時의 巳酉 半合을 催促한다. 巳酉 搖合이 성립되면 나아가 辰戌 搖沖까지 야기하는데 이렇게 酉酉刑의 動力이 轉移되는 사항까지 모두 살펴 한 해의 成敗得失을 推

理해나가면 매우 적확한 결론에 도달할 수 있다. 動力轉移(transition)란 한 마디로 애초에 靜物로 微動도 않던 八字가 流年의 動力에 의해 雷動하는 현상을 말한다. 大運과 流年은 얼핏 命에 대응하는 用으로 같은 개념으로 이해하기 쉽지만 動力轉移의 측면에서는 비교가 되지 않을 만큼의 차이가 나타난다. 까닭에 ‘子平眞詮리뷰’에서 命과 運은 다 같이 歲月, 流年과 대별하여 體의 영역으로 간주한 것이다.

搖合과 搖沖은 物象法에서 빈번하게 활용하는 유용한 기법의 하나로 꼽을 수 있다. 하지만 搖合, 搖沖을 살필 때는 분명한 원칙이 있다. 가령 八字에서 合된 한 글자를 自刑한다 해도 合動하는 각 글자가 여타의 글자와 조합되지 않는 상황이라면 動力轉移의 현상이 나타나지 않는다. 보통은 여러 글자가 상호 작용을 일으키며 자연 動機를 유발하기 마련이지만, 地支의 구성이 純一하거나 혹은 어느 한편으로 치우치면 해당되지 않는 경우가 있으므로 상세히 살펴야 한다.

得失의 측면에서 三刑 현상이 불러일으키는 得益은 다음 세 가지 사항으로 요약할 수 있다.

첫째는 開庫된 藏干의 合化 五行이다. 合化 여부를 살필 때면 月令과 더불어 合局, 그리고 運支를 모두 관찰해야 한다.

둘째는 合化, 合去가 성립되지 않아 해당 地支의 器物이 파손되지 않고 刑發하는 경우다. 沖과 刑이 구별되는 점은 바로 이것이다. 寅申은 刑도 되고, 沖도 되는데 이때는 어찌 볼 것인가. 先後論에 따라 먼저 刑으로 보고 다음으로 沖을 본다. 즉 器物에 손상이 없다면 寅과 申 둘을 모두 얻었다가 결국은 沖으로 인해 잃는 것이다. 刑合이 종국에는 無益한 결론에 도달할 때가 많은 것과 같다.

셋째는 月支를 刑할 때 月支의 器物이 파괴되지 않고 오히려 氣가 增幅되면 月令의 生旺氣를 띤 八字의 다른 글자 六神들이 發現되는 현상을 실감할 수 있다. 예컨대 坤命의 食傷이 旺할 때 특별히 食傷運이 유입되지 않아도 月支가 刑을 이룰 때 出産하는 경우가 적지 않다. 까닭에 月支의 刑破害鬼怨 등은 자세히 살펴야 한다.

이외 刑의 開庫로 인해 器物이 파괴되어도 더러 뚜렷하게 어느 대상을 取하는 현상이 나타날 수 있는데 그것은 開庫된 藏干이 日干과 合을 이루는 후킹(hooking)의 상황이다. 이것은 온전한 合이 아닌 한시적인 合의 불완전한 형태로 종종 當年을 넘기지 못하고 分離되는 경우가 많다. 후킹(hooking)은 器物이 파괴되지 않을 때에 한하여 좋은 조짐으로 간주한다.

得益은 일단 긍정적인 기능이지만 刑이 이렇게 바람직하게만 작용할리는 만무다. 開庫로 인한 合去의 상황과 연이어 나타나는 地支, 器物의 파괴 작용은 刑罰을 받는 厄難을 초래하기도 한다. 地支로는 財의 器物이 파괴될 때가 危重하다. 八字에 殺傷劫梟 四凶神의 刑도 口說과 禍厄의 침범을 加速한다. 특히 刑地에 坐한 天干의 十星이 殺傷劫梟에 해당해도 대개 不利하다. 이것은 地支의 작용이 天干에 영향을 미치는 드문 경우의 하나로 볼 수 있다.

3. 충(沖, Clashes)

刑과 마찬가지로 沖 또한 流年에서 命運을 沖해 올 때 비로소 奮起한다. 이를 沖起라 하는데 한 마디로 沖動한다는 얘기다. 이렇게 沖起하면 合化의 生産과 器物 파괴의 損失이 교차한다. 그런데 合去나 合化의 조건이 성립되지 않아 器物이 온전해진 상태라 해도 아무 보람 없이 애만 쓴 결과를 초래한다. 이것이 得失 면에서 刑과 구분되는 하나의 특징이다.

그런데 古人들은 沖起의 의미를 曲解했다. 이를테면 주로 扶抑法에 주안을 두어 八字의 喜忌를 가린 다음 喜神이 忌神을 沖해 오면 沖起하여 좋은 것이고, 忌

神(신)이 喜神(희신)을 沖(충)해 오면 나쁜 의미의 不起(불기)로 구분했다. 滴天髓闡微(적천수천미)의 내용이 그러하고 이를 撰集(찬집)한 爰樹珊(원수산) 또한 별다른 이견을 제시하지 못했다. 따져보면 八字(팔자) 地支(지지)의 喜忌(희기)를 일방의 기준에 따라 가리는 잣대부터 바르다 할 수 없다. 게다가 水火(수화)의 沖(충)에서 子(자)가 午(오)를 일방적으로 沖(충)한다고 사유한 대목에 이르면 할 말을 잃게 할 정도다. 徐樂吾(서락오) 또한 이 문제로 고심을 거듭했지만 종래 그 역시 刑沖會合(형충회합)은 난해하여 알 수 없다고 탄식하였다. 이보다 한결 진전된 견해를 자부하는 明澄派(명징파)를 대변하는 佐藤六龍(좌등육룡)의 비교적 근래 저작인 四柱推命術奧義(사주추명술오의)을 살펴보면, 八字(팔자) 忌神(기신) 五行(오행)의 글자를 沖(충)하거나 合(합)해오는 것을 매우 기뻐한다고 했는데 종래의 빈약한 支論(지론) 체계를 별반 벗어나지 않는다.

沖(충)은 또한 開庫(개고)와 무관하게 器物(기물)을 파괴하는 작용력을 지닌다. 그것은 먼저 旺者와 衰者의 沖에서 衰者가 송두리째 뽑혀 나가는 현상을 말한다. 이때의 旺者란 八字에서 두 글자 이상 竝立한 글자나 혹은 運支에서 같은 글자가 보태질 때를 말한다. 가령 다음과 같은 경우다.

坤命

丙 乙 壬 庚
戌 亥 午 子 ◁ 午年

庚子生은 午年에 旺者沖衰衰者拔이 되어 子水 印으로 인한 得益을 기대할 수 없다.

다음으로 衰者가 旺神을 沖해오는 경우인데 이때 旺神은 沖發하고 衰者는 사라진다. 沖發은 마치 刑發의 상황과 같이 得益의 긍정적인 기능을 내포한다. 旺神은 合局을 뜻하기도 하고, 단순히 두 글자 이상의

旺者를 의미하기도 한다.

坤命

戊 丙 庚 辛

子 子 寅 亥 ⊲ 午年

衰者沖旺旺神發로 子水 官이 發現되니 새로운 職業을 구했다.

그러므로 刑과 沖은 得失면에서 유사한 점이 많은 동시에 다른 점이 또한 분명하다.

▶ 刑沖得失

<table>
<tr><td>g/s</td><td colspan="4">得</td><td colspan="3">失</td></tr>
<tr><td>刑</td><td>合化</td><td colspan="2">刑發</td><td>月支刑
生旺六神</td><td colspan="3">開庫合去器物流失</td></tr>
<tr><td>沖</td><td colspan="2">合化</td><td colspan="2">沖發</td><td>開庫合去
器物流失</td><td>器物損傷</td><td>沖拔</td></tr>
</table>

刑沖의 開庫로 인해 나타나는 合化나 合去의 현상은 成敗와 직결되는 문제다. 이때 合化의 實得이 곧 命主의 成就를 뜻하지는 않는다. 太歲로 결정되는 한 해의 成敗는 보통 運干의 喜忌에 좌우된다. 까닭에 喜神 運干이 合되면 비록 얻는 것이 있을 수나 소망하는 일의 성취를 보기 어렵다. 반대로 忌神 運干을 合하면 능히 목적한 바를 이룰 수도 있다. 그리고 八字의 喜神 天干을 合하는 것도 불리하다. 반대로 忌神 天干을 合한다면 成敗면에서 유리함이 깃들 것이다. 十干이 아닌 地支도 成敗에 영향을 미칠 때가 있다. 그것은 다름 아닌 合局運으로 이것은 運干의 영향력을 뛰어 넘는다.

乾命

甲 戊 丁 己
子 子 卯 未 ◁ 亥年

殺重敗印格이 亥年에는 七殺 木局으로 印의 성취를 보지 못한다.

▶ 成敗

<table>
<tr><td>s/f</td><td colspan="2">用</td><td colspan="2">變</td></tr>
<tr><td>成</td><td>喜神 運干</td><td>喜神局</td><td colspan="2">忌神 運干 合去</td></tr>
<tr><td>敗</td><td>忌神 運干</td><td>忌神局</td><td>喜神 運干
合去</td><td>空亡運</td></tr>
</table>

沖은 四生과 四敗, 四庫가 모두 다르다. 또 寅申沖과 巳亥沖이 다르고 辰戌沖과 丑未沖이 다르다. 子午沖과 卯酉沖 또한 미친가지다. 滴天髓에 生方은 動을 두렵다 하고 墓庫는 開가 마땅하다다 했다. 이를 두고 張耀文은 四生과 四敗의 動開로 原時의 補正을 언급했는데, 한 마디로 開庫의 작용력에 한해서는 明澄派

가 미숙함을 보인 것이다. 任鐵樵가 "刑이 動해도 작용하지 않는다"고 한 것은 刑의 성립 원리에 밝지 못했기 때문이다. 明澄派는 아예 刑의 작용력에 관심을 두지 않았다. 한 마디로 先學들은 刑沖에 어두었다.

開庫란 비단 四庫의 글자에 한정해서 쓰는 말이 아니다. 이것은 支沖의 작용으로 藏干들이 쏟아져 나오는 현상을 뜻한다. 支沖이 성립되면 대개 衝突(crash), 開庫(break open)의 수순을 거쳐 器物의 破壞(ruin)나, 損傷(damage) 둘 중 하나의 상황으로 결말짓기 마련이다. 즉 怕動은 四生의 글자가 급격히 衝하는 상황을 염두에 둔 말이고, 宜開는 開로 인해 合化, 沖出되는 현상을 의미한다. 즉 四生의 沖은 신상의 급격한 변동사를 예고하는 동시에 급작스런 橫厄이 따르거나 이를 피하면 食小多煩의 결과로 나타난다. 四庫의 沖

은 沖이 성립되는 동시에 開土하여 먼저 入墓 현상이 나타나고 다음으로 開庫의 후차적인 상황들이 발생한다. 六神物象(Module 4)에서 내가 이를 地震(earthquake)과 火山(volcano)의 연관 작용으로 비유해서 설명한 바 있는데 어쨌든 四庫의 沖은 入墓가 더 위중한 상황이라 할 수 있다. 현실에서 怕動은 갑작스러운 재앙이나 사고, 怕開는 진행되어온 일의 마감 형태로 드러나기 쉽다.

寅申과 巳亥가 다르다고 했는데 巳와 亥는 陰陽 體用이 바뀐 글자로 陰干이 坐하는 글자 조합을 이룬다. 까닭에 沖하면 開庫된 陽干의 藏干은 거의 예외 없이 八字의 陰干과 合을 이루므로 器物이 破壞되는 현상을 피해갈 수 없다. 寅申巳 三刑이 두려운 것은 바로 巳에 배속된 陰干의 글자로 인해 器物이 破壞, 流失

되는 상황을 초래하기 때문이다. 반면 寅申沖은 器物의 損傷으로만 그칠 가능성이 적지 않다. 따라서 처음에는 刑發과 같이 早速早發하는 형태로 상황이 전개되는 바를 실감하기 쉽다. 하지만 先後에 의거 器物이 破壞되지 않은 한 沖의 損傷으로 귀결되기에 결국은 無爲로 끝나기 일쑤다.

辰戌과 丑未는 여타의 글자 沖에 비해 入墓 상황을 제외한다면 器物이 破壞될 확률은 낮다고 볼 수 있다. 辰은 十二支中 유일하게 자체적으로 戊癸 自合의 뜻이 있는데 沖하면 合化의 生産으로 기능한다. 辰戌에는 陰陽干이 고루 배합되어 合化의 가능성이 가장 높은 글자 조합이므로 橫財數와 연관이 있다. 古人이 말하기를 “旺者는 入墓가 凶하고 衰者는 入墓가 吉하다”고 했는데 이것이 곧 六神物象(Module 4)의 入墓

버전에서 설명한 入墓의 失과 開庫의 得 상황을 의미하는 말이다.

四生, 四庫의 沖은 일단 두려운 것이지만 四敗는 상세히 裁하라고 했다. 子午卯酉의 沖은 모두 陰陽干의 결합을 이루어 流失 이전에 生産의 뜻이 있다. 즉 '나가고, 들어오거나' 혹은 '들어오고, 나가는' 현상으로 나타난다. 이것은 得이나 失 어느 하나의 일방적인 결과가 아닌 得失이 거의 대등한 관계로 交叉한다는 얘기다. 특히 子午沖은 陰陽 體用이 바뀐 글자로 陽干이 坐하는 글자 조합을 이루어 변화가 더욱 複雜多樣하다. 이를테면 일이 있는 바로 그 해에 異性과 헤어지고 새로운 因緣을 만나거나 財의 거래가 빈번하게 일어나는 식으로 진행된다. 마찬가지로 落職으로만 그치기보다는 轉職할 가능성이 더욱 높다는 얘기다.

▶ 生沖(생충)庫沖(고충)敗沖(패충)

生沖(생충)	怕動(파동)	器物破壞(기물파괴)에 주목
庫沖(고충)	開沒(개몰)	入墓現狀(입묘현상)에 주목
敗沖(패충)	詳裁(상재)	物象出入(물상출입)에 주목

六沖(육충)과 六合(육합)은 動力先後(동력선후)에서 같은 三線(삼선)으로 작용의 힘이 비슷하다. 까닭에 보통 "沖(충)은 合(합)으로 풀고, 合(합)은 沖(충)으로 解消(해소)한다"고 보는 게 대세다. 하지만 이 말은 靜物(정물)의 차원에서 그렇다는 의미로 국한된다. 物象法(물상법)에서는 일단 動因(동인)인 歲月(세월)의 運(운)이 작동하기 시작하면 合(합)沖(충)이 동시에 動搖(동요)한다. 즉 合(합)이 沖(충)을 沖(충)이 合(합)을 촉진한다는 얘기다. 이를테면 다음과 같다.

乾命(건명)

壬 庚 庚 丁

午 辰 戌 亥 ◁ 卯年

丁亥生은 辰戌沖이 되어 있는데 卯運에 卯戌合으로 辰戌沖을 풀어 命式을 안정시키는 게 아니다. 卯戌合으로 合動하면 戌이 動하여 辰을 沖하므로 合運에 沖動하여 失의 국면이 야기된다.

合은 먼저 束縛하는 성질이 있어 한시적으로 器物의 기능을 정지시키지만, 沖은 器物 자체를 못 쓰게 하는 결과를 가져오기도 한다. 그러므로 合沖이 겹치면 命運의 體 영역과 歲月의 用 영역을 나누어 살펴야 한다. 또 合을 沖해 올 때와 沖을 合해 올 때가 다르다는 점을 알아야 한다.

坤命

丁 丁 庚 辛
未 酉 子 丑 ◁ 午年

앞의 丁亥生은 八字의 沖이 合運을 맞이한 경우인

데 辛丑生은 반대로 子丑合이 午火의 沖運을 보았다. 子午가 沖하면 午火는 開庫되어 丙辛 水化의 得을 낳지만, 午火의 器物은 破壞되어 쓸모가 없다. 이때 子水는 열리지 않는다. 沖運에 合動하여 合絆을 풀어내는 得의 국면으로 나타난다.

合沖의 상관관계는 이상과 같은 단순 유형의 설명으로만 그칠 수 없다. 더한 내용은 이어지는 '5. 합(合, Combinations)'에서 다루기로 한다.

4. 회(會, Assembly)

會는 하나의 旺氣로 집결되어 發하고 후차적으로 暗氣를 觸發한다. 즉 會動하여 會發하는 것이다. 地支가 局을 이루면 氣勢가 공히 强旺하여 八字 體神의 靜物에서도 작용하는 바를 실감할 수 있다. 이를테면 財旺無官의 坤命도 능히 夫德을 기대할 수 있고, 食旺無財 또한 富를 논할 수 있는 식이다. 暗氣나 暗神이란 八字에 없는 虛字와 숨어 있는 藏干을 포함한 개념으로 쓰일 때가 있다. 가령 大運에서 三會가 성립되면 기간 중에 會發에 주안을 두고 삶의 형태가 뚜렷하게 변화될 가능성을 강하게 암시한다. 물론 변화의 시점은 流年에 달렸다. 비교적 會動이 분명하게 發生

하는 타이밍의 조건은 다음 네 가지다.

1. 命運(명운)의 半合(반합)을 流年(유년)에서 三會(삼회)로 성립시킬 때
2. 命運(명운)의 三會(삼회)를 流年(유년)에서 刑(형)해 올 때
3. 命運(명운)의 三會(삼회)를 流年(유년)에서 沖(충)해 올 때
4. 命運(명운)의 三會(삼회)와 같은 글자가 流年(유년)에서 겹칠 때

動力先後(동력선후)의 一線(일선)은 干合(간합)이고, 二線(이선)에는 三會(삼회)와 三刑(삼형)이 있다. 干合(간합)은 合(합)된 글자의 屬性(속성)을 완전히 잃으므로 해당 글자는 다른 글자와의 후차적인 조합을 논할 필요가 없다. 三會(삼회) 또한 合(합)을 이룬 글자는 자신의 固有性(고유성)을 잃기 마련이지만 그렇다고 해서 干合(간합)과 같이 완전히 사라지는 게 아니다. 원론적으로 干支(간지)는 氣(기)와 質(질)로 구분되니 비록 質(질)이 강력하게 응집되어 合局(합국)의 旺氣(왕기)를 發(발)한다 해도 質(질)이 완전히 소멸되는 양상으로 나타나지는 않는다는 얘기다. 그래서 二線(이선)의 刑(형)과 三(삼)

線의 沖과는 상호 격렬하게 반응하는 의미가 있다. 六合은 어떠한가. 合力에서 六合은 三會와 비할 바가 못 되므로 특별한 작용 관계를 논할 수 없다.

三會에는 方合과 三合이 있다. 方合은 洛書, 三會는 河圖의 배치와 유관하다고 했다. 이것은 三會를 이룬 각 글자 固有性의 잔존 여부와 관련이 깊다. 方合의 글자는 모두 하나의 個體 성분을 잃지 않고 존재하므로 어떠한 動因의 글자와도 조합되는 특징이 있다. 반면 三合은 刑沖 이외의 動因 조합과는 상호 작용이 거의 성립되지 않는다. 三會는 비단 得失에만 그치지 않고 氣旺하여 成敗와도 직결됨을 앞에서 설명하였다. 지금부터 三會의 得失 관계를 위주로 논하겠나.

먼저 '1'의 경우다. 流年에서 三會가 이루어지면 會를 이룬 주역의 글자들은 모두 그 屬性을 잃게 된다.

이때 月令 또한 用神(格局)의 變化를 일으키지만 八字에 月令의 氣를 얻은 天干의 글자가 透한 이상은 月令 固有의 氣는 건재하다. 이렇게 流年에서 三會가 성립되는 시점에는 三會를 이룬 글자, 器物은 流失되는 현상이 先行한다. 다음으로 會局의 旺氣를 띠는 동시에 자연스레 暗神을 觸發할 정도의 위력을 지닌다. 이러한 현상을 각 六神별로 구분하여 대강을 살피면 다음과 같다.

▶ 會發

比劫局	사람들이 모여들고, 진로가 열린다.
食傷局	진로가 열리고, 재물을 모은다.
財星局	재물을 모으고, 관록이 오른다.
官殺局	관록이 오르고, 명예가 빛난다.
印綬局	명예가 빛나고, 사람들이 모인다.

그런데 三會를 이루고 會發하면 과연 이렇게 좋기만 할 것인가. 이 대목에서 일단의 독자들은 이미 三會 表裏의 부정적인 기능을 염두에 두고 있을 것이다. 그것은 먼저 會를 성립시키며 流失된 글자들의 犧生이 수반된다는 점으로 설명할 수 있다. 또한 暗神에 한해서만 가장 긍정적인 生動生發의 효과를 본다는 조건성도 보통의 動因에서 보기 어려운 면이다.

그렇다면 合局 五行이 生하는 글자가 暗神이 아닌 미약한 五行의 세력으로 존재하거나 혹은 그런대로 힘을 갖추어 존재할 때는 어떠한 현상으로 나타날 것인가. 결론적으로 전자의 경우에는 일차적으로 反生의 피해를 보게 되고, 후자는 별반 實利가 없다. 이것은 소위 힘 조절과 같은 얘기다. 보통 生하여 얻는 生動을 논할 때는 안정된 상태에서 적절한 힘의 주입만이

통한다. 이를테면 丑運에 申金이 生動하는 것을 말한다. 그러나 子運에 卯木은 生動하는 힘이 불안정하다. 刑이 성립되므로 이 둘의 조합은 生動을 논하지 않는다. 이와 달리 八字에 申酉戌 方局을 이루고 있는데 丑運이 도래하면 八字가 크게 흔들릴 것이다. 生動生發이 아니라 顚倒(reverse)의 파괴적인 현상이 나타날 우려가 높다.

혹자는 "生動의 대상이 미약한 五行의 글자라면 三會와 같은 강력한 힘이 오히려 도움이 되지 않을까"하는 의문을 품을 수 있다. 고스란히 틀린 생각은 아니다. 하지만 이때는 먼저 反生의 작용력이 나타나고, 다음으로 無力해진 五行의 氣를 生動하는 상태로 전개된다. 이를테면 八字에 比劫局을 이루고, 食傷의 글자가 無根하게 透해있다 치자. 會動하는 시점에서 食

傷은 즉시 反生의 작용으로 인해 進路가 梗塞된다. 그런데 當年에 比劫局은 새로운 因緣들을 파생하며 反生으로 이미 虛神과 같아진 食傷의 氣를 촉진하여 다른 進路를 열어내므로 가히 나쁘다고 할 수 없는 運氣로 느껴지기 마련이다. 한 마디로 變化無雙해진다.

'1'과 달리 '2.3.4'는 命運의 體 영역에서 이미 三會를 이룬 경우다. 이때 八字 元局이 아닌 大運에서 三會가 성립된 경우라면 응당 八字의 구조에 따라 變化의 起伏이 다 다르겠지만 어쨌든 기간 중에는 지난 시절과는 다른 극심한 변화를 예상할 수 있다.

乾命

辛 庚 庚 庚　甲

巳 午 辰 子　申 ◁ 辰年

庚子生은 甲申運 三合 水局을 이루었다. 기간 중에

申子辰 세 글자를 刑沖하거나 같은 글자가 겹치면 會動하여 삶의 극한 변화를 수반하기 쉽다. 此命은 食傷局을 이루어 辰年과 같은 시기를 만나면 會發이 다양한 進路로 나타난다. 이것은 微弱한 甲木 財를 反生하여 浮木의 散財를 가속화시킨다. 그러나 곧 流失된 木虛를 觸發하므로 蓄財하는 양상으로 결론이 난다. 즉 가지고 있던 것은 잃고, 새로운 財貨를 창출한다는 애기다.

半合은 몹시 예민한 조합이라 할 수 있다. 가령 命運에서 半合을 이루면 歲月에서 會動하기 쉽다. 또 合局 五行과 같은 天干의 글자가 透한 경우에는 그 勢力이 만만하지 않다. 하지만 動力先後에서 合沖에 미치지 못하므로 언제든지 解體(disjoint)될 수 있는 상태로 존재하는 것이다. 까닭에 半合을 運에서 合하거나 沖해오면 일시적인 會發의 현상이 나타난다. 하지만 暗神을 觸發시키는 이차적인 得益은 기대할 수 없다. 단 이때는 半合의 어느 글자를 沖하는지를 필시 살펴야 한다. 가령 午戌合의 戌을 辰運에 沖해온다면 午戌合은 解體되고 辰戌 모두 開庫한다. 그러나 子運으로 旺地 午火를 沖해오면 衰者沖旺이 되어 子水가 뽑혀 나간다. 물론 午火의 開庫 현상은 나타나지 않으며 會發하는 결과로 體感될 것이다. 까닭에 半合은 動力先後의 五線에 속하지만 旺地만을 논한다면 二線과 같은 것이다. 즉 半合을 이루는 生과 庫의 글자가 合沖의 작용력에 미치지 못할 뿐 旺支는 三會를 이룬 글자와 동등하게 취급한다.

會發에는 간과해서는 안 될 또 하나의 得이 있다. 그것은 倒沖氣다. 즉 木局은 金을 부르고, 金局은 木

을 부른다. 水局은 火를 불러 오고, 火局은 水를 부른다. 이상도 마찬가지로 會動할 때 그러하다는 얘기다. 가령 潤下格이 會動하면 자연 財氣를 發한다. 曲直格이 會動하면 官祿이 發할 것이다.

▶ 三會得失

得	會發	旺氣發顯	暗氣觸發	倒沖氣
失	顚倒	合字流失	反生反剋逆剋沖去	

三會를 沖할 때와 刑할 때가 같지 않다. 沖運에는 衰者沖旺旺神發이 되어 會發은 분명하지만 沖者는 뽑혀 나간다. 刑運에는 會發하고 刑者는 刑發하니 取하는 게 많을 것이다. 이를테면 壬水 日干이 申子辰을 짓고 流年에서 巳火의 刑運과 午火의 沖運을 맞이했

을 때 같은 현상이 있고 다른 현상이 있다. 巳火는 刑發하여 분명한 得財로 나타나지만 午火는 沖去되어 失財로 귀결될 것이다. 그런데 이 사람은 대개 午運에도 得財를 실감한다. 그것은 會動이 倒沖氣를 띠기 때문이다.

刑沖會合은 因緣法에서도 곧잘 활용되는 테마다. 보통 俗塵에서 因緣을 논할 때는 夫婦의 緣을 무겁게 살피는데 비단 여기에만 한정되지 않고 사회의 모든 因緣과 무관치 않다. 因緣의 '좋고, 나쁨'을 가릴 때는 보통 兩者간의 八字와 運의 흐름을 모두 헤아려 견주어야 하는데 그것이 몹시 難解하고 지루한 것이다. 원래 인간관계는 恩人이 怨讐가 되고, 惡人이 恩人이 되기도 하니 好惡을 쉽게 단정할 바 못 된다. 이렇게 恩怨이 공존하는 가운데 서로가 한시적으로 利益이 되는 조합을 보통 吉緣이라 하는 것이다.

까닭에 人間의 복잡한 因緣 관계를 八字術로 다 헤아린다는 주장은 다소 虛風스러운 것인데, 다만 주변 관계에서 歸納的인 접근을 하다보면 刑沖會合의 관계와 밀접한 바를 어렵지 않게 느낄 수 있고 나아가 활용의 근거로 삼아 볼만한 것이므로 그 實效가 적지 않은 것이다. 일단 여기서는 夫婦 配緣에 초점을 두고 刑沖會合의 因緣法 일단을 설명하겠다. 실상 夫德과 妻德의 厚薄을 논한다면 그것은 이미 각자의 命柱에 이미 나타나 있는 것인데 대개의 命理家들은 보통 八字에 나타난 財官의 六神 건전성을 기준으로 德의 有無를 논한다. 이때 財官이 나타나지 않으면 六親宮, 즉 日支의 休旺과 喜忌로 배우자의 有無力과 德을 살핀다. 命에 財官이 旺透하면 運에서 干支 모두 流失

될 가능성이 적으므로 緣分이 두텁고 富貴를 오래토록 유지할 수 있다. 반대로 庫地에 暗臟된 財官 또한 쉽게 공격을 당하지 않으므로 오래 가는 因緣 중의 하나다. 그러나 干이나 地 하나로 동떨어져 나타난 財官은 상대적으로 流失될 가능성이 높다. 刑沖會合은 모두 예외 없이 失去의 뜻을 품고 있으므로 만약 八字에서 孤神의 형태로 나타난 財官이 刑沖會合되어 있다면 分離 - 別居, 離婚, 死別 - 의 가능성이 한층 깊은 것이다.

보통 刑沖會合으로 因緣의 持續性을 살필 때는 太歲의 地支가 主가 되어 (1)상대방의 '띠'와 (2)緣分을 맺은 해, 婚姻 시점을 기준으로 본다. 夫婦緣에 한하자면 八字에 財官 六親星이나 배우자 六親宮(日支)에 刑沖會合이 있는지를 기준하여 合緣 여부를 가린다.

대개 刑沖會合(형충회합)의 動力先後(동력선후)에 준하여 吉緣(길연)이 배당된다.

1. 八字(팔자)에 刑(형)이 있으면 會(회)의 글자 '띠'에 해당하는 상대와 緣分(연분)이 깊다.

예컨대 배우자 六親星(육친성)이나 六親宮(육친궁)에 맞추어 八字(팔자)에 巳申刑(사신형)이 있다면 酉(유), 닭띠나 子(자), 쥐띠가 吉緣(길연)일 가능성이 높다. 子酉年(자유년)의 成婚(성혼)이 안전하고, 巳申年(사신년)에 結婚(결혼)하면 종내 絕婚(절혼)의 우려가 깊다.

2. 八字(팔자)에 沖(충)이 있으면 合(합)의 글자가 '띠'에 해당하는 상대와 緣分(연분)이 깊다.

예컨대 배우자 六親星(육친성)이나 六親宮(육친궁)에 맞추어 八字(팔자)에 寅申沖(인신충)이 있다면 亥(해), 돼지띠나 巳(사), 뱀가 吉緣(길연)일 가능성이 높다. 巳亥年(사해년)의 成婚(성혼)이 안전하고, 寅申年(인신년)에 結婚(결혼)하면 종내 絕婚(절혼)의 우려가 깊다.

3. 八字에 半合이 있으면 半合의 글자가 '띠'가 되는 상대와 緣分이 깊다.

財官이 三會를 이루거나 日支가 三會에 속하면 글자 자체로 六親宮과 六親星의 喜忌를 논하지 않으므로 會의 경우 半合만을 논한다. 예컨대 배우자 六親星이나 六親宮에 맞추어 八字에 亥卯 半合이 있다면 亥, 돼지띠나 卯, 토끼띠가 吉緣일 가능성이 높다. 亥卯年의 成婚이 가장 안전하다.

4. 八字에 合이 있으면 沖의 글자가 '띠'에 해당하는 상대와 緣分이 깊다.

예컨대 배우자 六親星이나 六親宮에 맞추어 八字에 辰酉合이 있다면 戌, 개띠나 卯, 토끼띠가 吉緣일 가능성이 높다. 卯戌年의 成婚이 안전하고, 辰酉年에 結

婚(혼)하면 종내 絶婚(절혼)의 우려가 깊다.

▶ 刑沖會合配緣(형충회합배연)

刑(형)	會(회)
沖(충)	合(합)
半合(반합)	同字(동자)
合(합)	沖(충)

5. 합(合, Combinations)

合에는 干合과 支合이 있다. 干合은 合化의 뜻이 있어 '먼저 잃고, 후에 얻는' 物象으로 나타나기 쉽다. 刑沖의 작용 또한 合化의 뜻이 있으므로 이상은 꽤 연습한 셈이다. 命家들조차 得失과 成敗의 개념을 잘 모르는 경우가 있다. 가령 春月生 庚子 日柱가 午年에 公職을 그만두고 年金을 수령했다면 이것은 '成인가, 敗인가', 또 '得인가, 失인가'? 成敗란 格局이 시사하는 정체성(identity)와 관련이 깊다. 이 사람은 財格일 가능성이 높으므로 財의 得失에 포커스를 두어 成敗를 갈라야 마땅하다. 成敗와 달리 得失은 다양하게 나타나기 일쑤다. 가령 돈을 쓰고 명예를 얻었다면

官印格으로서는 자연 成運이요, 食財格이라면 敗運으로 구분될 것이다. 庚子日은 子午沖으로 失職했다. 하지만 子中 壬水와 午中 丁火가 寅月에 木化하여 得財한 것이다. 이것을 財格의 成敗得實로 나누면 다음과 같다.

▶ 成敗得失

財格	成	
得	得財	
失		落職

六沖과 六合은 動力先後에서 같은 三線으로 작용의 힘이 비슷하다. 하지만 이 둘은 온전하게 相對적인 개념으로 수립되지 않는다. 支合이 支沖과 다른 것은 陰陽의 配偶라는 점이다. 여기에는 五行이 개입되지 않

는다. 즉 支沖이 相剋한다면 支合은 相生해야 반대의 의미를 갖게 되고 동격의 입장에서 다룰 수 있다. 까닭에 支沖의 상대적인 개념은 干合이지, 支合이 아니다. 五運六氣가 그러한 것이다. 까닭에 '合이 沖을 풀고, 沖이 合을 푸는' 시각의 정립은 단순히 '부서지고, 끌어안는' 성질의 차이에서만 논해야지, 서로가 特效藥과 같은 개념은 아니라는 얘기다. 앞의 '3. 충(沖, Clashes)'에서 우리는 이미 八字의 沖을 合해 올 때와 合을 沖해 오는 경우 得失이 달라지는 결과를 살펴보았다. 즉 合은 먼저 束縛(restriction)의 작용을 하는 반면 保護(protection)의 기능을 수행하며 沖이 될 때 合된 두 글자의 器物이 온전해져 一擧兩得하는 특징이 있음을 알 수 있다. 즉 合動, 合忌의 動因은 沖인 것이다. 다시 한 번 정리하겠다. 대개 合은 沖을 반기지만, 沖은 보통 合을 꺼린다. 沖이 야기하는 合動은

合起하여 분명한 得의 국면을 낳지만 合이 일으키는 沖動, 沖起는 得으로만 나타나지 않기 때문이다. 이것이 바로 合沖이 相應하는 가운데 不均한 관계를 의미한다.

▶ 六合失得

失	合絆	靜
得	合起	動

六合은 命運의 體 영역에서 靜物로 묶여 있다가 運에서 衝動하면 束縛을 풀어 一去兩得의 기쁨이 있다고 했다. 이러한 현상은 실제에서 命主가 뜻밖의 소득으로 간주하기 쉽지만 실은 이미 八字가 품고 있던 것을 본 것에 지나지 않는다. 흔히 말하는 行運이 잘 따

르는 사람들은 대개 財合을 지녔기 때문이다. 그런데 오직 沖만이 合動의 요소일까. 그렇지 않다. 合이나 破害 모두가 合動의 요인이 된다. 이만하면 合起가 沖起나 刑發에 비해 못할 게 없다. 다만 合動은 成敗와 별반 관련이 없다는 점에서 차별된다.

六合은 干合과 달리 合化의 뜻이 없다. 반면 三會에서는 生地와 庫地의 글자가 자신의 屬性을 잃고 一氣로 통일되므로 이 또한 合化로 설명할 수 있다. 그런데 三會가 發하는 旺氣는 모두가 원래 지녔던 氣運으로 엄밀히 따져 干合의 合化와는 다른 것이다. 그런 연유로 이 책에서는 月令과 연계해서 三會의 合化를 설명하지 않고 있다. 六合이 三會와 같은 것은 沖에 대응하는 保護의 기능이지만, 衝擊 효과로 인해 얻는 것이 다르다. 이때는 六合의 實得이 보다 선명한 경우가 많다. 八字에서 沖은 대립하는 상태로 있다가 沖動하면 서로 擊射하는 것이고, 合은 묶여 있다가 合動하면서 解放되는 것이다.

合沖의 관계는 얼핏 이해하기 쉬운듯해도 알기가 쉽지 않다. 古書에서 合沖論에 관한 한 명쾌한 견해를 찾아보기 어렵다. 까닭에 八字術 현장에서 術家들이 겪는 애로는 적지 않다. 이를테면 다음과 같이 合沖이 交集된 경우다.

乾命

壬 乙 辛 丙
午 未 丑 午

丙午生은 丑未가 沖이고 다시 日時에서 午未合을 이루어 沖合이 모두 解消되었다. 즉 八字 靜物에서 그렇다는 애기다.

乾命

壬 乙 辛 丙
午 未 丑 午 ◁ 丑年

丙午生은 丑運에 몹시 多變하는 상황을 경험하기 쉽다. 일단 丑午 鬼門은 丑未를 衝動한다. 재차 두 개의 丑이 未를 挾功하는 상황에서 旺者沖衰衰者拔하는 현상을 떠올릴 수 있다. 丑土는 沖發하여 得財를 암시하고 午未는 沖拔되어 터전의 流失이다. 이 가운데 다행인 것은 午火가 未土를 끌어안는 현상이다. 원래 合動이란 '묶인 것을 푸는' 작용을 말한다. 그런데 여기서는 다시 묶었다. 이것은 八字에서 合이 성립되어 있지 않았기 때문에 合動하여 묶은 것이나. 따라서 命主가 이 해에 터전을 상실당하는 患亂에 처하지 않고, 오히려 얻는 것이 많을 수다. 까닭에 沖과 合을 살필 때는 매우 사려 깊게 임해야 한다.

合運에 合이 되는 글자는 묶여 失로 판단하게 되지만, 이미 合된 글자는 合運에 合動하여 束縛에서 풀려난다. 이러한 현상을 두고 "合이 合을 푼다"고 하는 것이다. 비단 沖이나 合뿐만 아니라 여타의 動因에 의해서도 合起한다고 앞에서 언급했다. 六合에는 干合의 작용으로 연계되지 않으므로 刑沖과 달리 成敗와 무관하다 했는데, 반드시 그렇다고만은 볼 수 없다. 古人들은 合의 요소 또한 重하게 여겼다. 그래서 別格에는 合으로 貴格을 이루는 사례를 어렵지 않게 찾아볼 수 있다. 또한 六合 글자의 先後와 관련해서 다양한 해석을 기하고 있는데 여기에는 취할 것이 있고 별반 괘념치 않아도 될 것이 있다.

合의 貴함을 논할 때는 대개 虛神과 무관치 않다. 이를테면 合祿, 合馬, 合貴 같은 것이다. 六合은 空間圈域의 合으로 河圖의 배열과 가까우니 마치 五運과 같이 보이지 않는 配星의 氣를 띠기 마련이다. 까닭에 八字에서 六合의 대상이 되는 글자가 具備되어 있지 않다면 비록 온전하진 않아도 虛字의 존재를 무시할 게 아니다. 合祿은 八字에 日干 祿의 글자가 없고 이것을 合해 오는 글자가 있는 경우를 말하는 것인데, 이를테면 戊日生은 巳가 祿인데 八字에 巳가 없고 巳와 六合을 짓는 申만 있을 때를 말한다. 合馬 또한 이치가 같다. 驛馬의 글자를 合하는 글자가 있고, 驛馬의 글자는 나타나지 않은 경우다. 合貴는 貴合의 글자를 불러오는 경우다. 가령 甲日生이 丑未를 보지 않아도 子午가 있으면 合貴가 성립된다. 이때 八字에 虛神과 沖이 되는 글자가 있으면 合을 논하지 않는다.

坤命

丙 乙 壬 庚
戌 亥 午 子

合祿이다. 八字에 戌이 있고 卯가 없으며, 卯를 沖하는 酉가 나타나지 않아 合祿이 성립된다.

乾命

戊 庚 甲 己
寅 辰 戌 酉

合馬다. 己酉生이 亥 驛馬를 보지 못했으나 時支 寅을 見하여 合馬가 된다. 또한 日支 辰이 있어 合祿을 말할 수 있으나 年支의 祿塡으로 合祿은 성립되지 않는다.

乾命

辛 庚 庚 庚
巳 午 辰 子

合貴다. 合貴는 陰貴와 陽貴 두 글자를 모두 갖추어야 논할 수 있으므로 실제에서 찾아보기 어려운 命例의 하나다. 兩貴는 그 자체로 合을 지으므로 八字에

沖의 글자가 존재하는지의 여부를 가릴 바가 아니다.

▶ 合貴

合祿	待接받는 地位에 오른다.
合馬	努力으로 興復, 成業한다.
合貴	貴人의 恩德이 두텁다.

八字 體神에서 六合 자리의 先後로 福의 輕厚를 가리는 古法이 있는데 이것은 月支 格局의 混純과 관계되므로 한번쯤 살피는 게 좋다. 格局에 미치는 六合 작용력의 드문 논리이므로 흥미로운 재료다. 다만 八字 전체를 보지 않고 福의 經重을 예단하는 것은 바람직한 방식이 아니다.

▶ 六合混純(육합혼순)

子丑(자축)	月支 子(월지 자)	福輕(복경)
	月支 丑(월지 축)	福厚(복후)
寅亥(인해)	月支 寅(월지 인)	福厚(복후)
	月支 亥(월지 해)	福輕(복경)
卯戌(묘술)	月支 卯(월지 묘)	福厚(복후)
	月支 戌(월지 술)	福輕(복경)
辰酉(진유)	月支 辰(월지 진)	福重(복중)
	月支 酉(월지 유)	福厚(복후)
巳申(사신)	月支 巳(월지 사)	福輕(복경)
	月支 申(월지 신)	福虛(복허)
午未(오미)	月支 午(월지 오)	福輕(복경)
	月支 未(월지 미)	福厚(복후)

이외 八字(팔자)에 干合(간합)이 同一(동일) 旬中(순중)에서 干支合(간지합)을 이루면 君臣慶會(군신경회)라 하고, 다른 旬(순)과의 合(합)이면 夫妻聚會(부처취회)라

하는데 三明通會에서 君臣慶會를 특별히 貴하게 다루었고, 이때 貴人이 섞이면 大吉하다고 했다. 日柱가 干支 모두 合을 이루면 天地德合, 혹은 鴛鴦之合이라 해서 琴瑟의 調和로 나타나니 偕老의 뜻이 있다는 것이다. 이 사람은 매우 賢明해서 대인 관계에서 트러블을 야기하지 않는다. 年月日時 모두가 天地德合을 짓거나 日時가 君臣慶會하면 雙怨德合이라 해서 最妙한 것으로 논했다. 年時의 干支合이 성립되면 先祖의 德業이 後孫의 中興으로 이어지는 격이다.

刑沖會合의 因緣法에서 動力先後에 근거하여 沖과 合, 刑과 會의 완화 관계를 논했는데 과거 '八字術必殺技'에서 명쾌하지 못했던 부분이 바로 이 대목이라 할 수 있다. 刑은 合으로 解消되는 바가 없으며 刑의 작용력이 우선한다. 靜物의 상태에서는 刑과 合의 관계를 따로 거론할 바 없이 刑은 刑대로 성립되어 있는 것이다. 體의 영역에서 刑은 六合이 아닌 半合으로만 그 작용력을 잠재울 수 있다. 이때 三刑을 푸는 글자는 자연 三會의 旺支로 정해지기 때문이다. 合을 沖해오면 合된 글자는 開庫되지 않으나 合을 刑해 올 때는 刑에 해당되는 글자는 모두 開庫된다.

까닭에 刑沖會合의 動力先後를 가리기가 난해한 命例들을 발견할 때가 드물게 있다. 예컨대 八字의 年月이 巳申으로 이루어졌다면 먼저 刑으로 간주하는 것이다. 이때 日支 子水라면 申子 半合으로 刑이 解消된다. 半合의 動力先後는 五線에 속하지만 旺支가 개입되면 사정이 달라진다고 했다. 문제는 지금부터다.

日 月 年
子 申 巳

에서 巳申刑은 풀렸지만 재차 巳申合이 된다. 巳火가 子水와 貼하지 않은 이상 合力에서만은 六合이 半合을 앞서는 것이다. 같은 맥락에서

月 年
子 申

의 경우, 巳運에는 능히 巳申合이 성립된다. 그러나 丑運은 子水를 合하지 못한다. 半合에서 生地와 庫地는 독립적인 個體로 존재하지만, 旺地는 子水 한 글자로만 의미를 품지 않는다. 이때는 合으로 묶이는 게 아니라 會發하는 성향으로 나타난다. 沖도 마찬가지다. 寅申沖은 성립되지만, 子午沖은 午火만 뽑히는 결과를 보기 쉽다. 巳運에 巳申刑은 성립되지 않는다. 오직 巳申合을 말할 뿐이다. 다른 예로

月	年
酉	丑

이면 子丑合과 丑未沖을 논할 수 있다. 그러나 丑戌刑은 성립되지 않는다. 이것이 바로 三會와 三刑, 合과 沖의 動力先後가 엇갈리는 미묘한 경우다. 이상은 모두 刑沖會合의 성립 原理와 관계가 있다.

刑沖會合을 다룰 때는 또 하나 간과해서는 안 될 재료가 있다. 進神과 退神의 존재 여부다. 이것은 陰陽이 進退하는 성질에서 비롯된 理致로 陽은 進氣하고, 陰은 退氣하는 성향에서 비롯된 논리인데 이를테면 寅 陽木이 卯 陰木을 보면 寅이 卯로 變하게 되고, 卯가 寅을 보아 陰木이 陽木으로 變하는 현상을 뜻한다. 정리하면 進神이란 陽支가 같은 五行의 陰支 글자를 보아 一位 앞으로 나가는 것을, 退神이란 陰支

가 같은 五行(오행)의 陽支(양지) 글자를 보아 一位(일위) 뒤로 물러서는 바를 의미한다. 辰戌丑未(진술축미)는 같은 五行(오행)의 글자로 進退(진퇴)하지 못하므로 해당 사항이 없다.

▶ 進神退神(진신퇴신)

進神(진신)	退神(퇴신)
寅(인)의 卯(묘)	卯(묘)의 寅(인)
巳(사)의 午(오)	午(오)의 巳(사)
申(신)의 酉(유)	酉(유)의 申(신)
亥(해)의 子(자)	子(자)의 亥(해)

進神(진신)과 退神(퇴신)을 활용하는 방법은 다음과 같다. 가령 八字(팔자)에 寅卯(인묘)가 모두 있으면 寅申沖(인신충)이 성립되지 않는 것으로 본다. 이때 流年(유년)에서 酉運(유운)으로 卯(묘)를 沖去(충거)하면

寅申(인신)이 沖動(충동)한다. 또 하나의 觀法(관법)으로 八字(팔자)의 寅申沖(인신충)은 卯年(묘년)이나 酉年(유년)에 沖(충)이 解消(해소)된다는 것이다. 그런데 실제에서 卯運(묘운)에는 卯申(묘신) 鬼門(귀문)과 寅酉(인유) 怨嗔(원진)이 오히려 沖動(충동)의 직접 요인으로 작용하기 때문에 八字(팔자)를 안정시키는 것과는 거리가 멀다. 따라서 運法(운법)에서는 적용되는 범위가 매우 협소하다. 이를테면 子午沖(자오충)을 亥運(해운)에 안정시키는 정도다. 이런 현상을 두고 亥中(해중) 壬水(임수)와 午中(오중) 丁火(정화)가 暗合(암합)해서 沖(충)을 잠재운다는 식의 要領不得(요령부득), 무경위한 설명을 아무데나 둘러 붙이는 暗神(암신) 놀음의 似而非(사이비) 학설들을 발견할 수 있는데 적당한 선에서 그치기 바란다. 나아가 寅申巳(인신사) 三刑(삼형)까지도 丑辰(축진)에서 癸水(계수)를 引出(인출)하거나 壬癸水(임계수)로 解消(해소)한다는 雜說(잡설)까지 전개되면 이건 지나친 飛躍(비약)을 넘어 거의 亡兆(망조)다.

進神(진신)과 退神(퇴신)의 特效(특효)는 그것이 刑沖合(형충합) 어느 것을 막론하고 작용력을 완화시킬 수 있다는 점에 있다. 하지만 글자의 動因 조합을 벗어나기 어려우므로 매우 한정된 경우에 한한다. 까닭에 이를 八字術 實戰에서 활용하려면 고도로 숙련된 術家에 한해 제한된 범위 내에서 효험을 볼 수 있다. 물론 因緣法에서도 충분히 활용할 수 있는 재료다.

지금까지 독자들은 刑沖會合과 기타 動因들에 의해 八字가 搖動하고 人生事의 喜怒哀樂이 거기에 다 담겨 있는 理致를 헤아렸을 것이다. 한 마디로 變化無雙하고 無窮無盡한 삶의 過去와 現在, 未來가 八字에 담겨 있는 바를 실감하는 면에서는 刑沖會合의 法手를 뛰어넘는 주제가 없을 것이다.

맺음말, Epilogue

이제 八字入門(팔자입문)의 綜結(종결)을 고한다.

결론하자면 命理(명리)는 慰安(위안)의 학문이다.

松柏(송백)이 아닌 苔類(태류)라 다 사는 맛과 뜻이 있다.

독자들.

韓國(한국)에서 태어나 命理(명리)를 접한 것도 幸(행)이다.

좋은 運數(운수)를 빈다.

悤悤(총총).

著者, 李修[이지승]

1965년, 釜山 生

韓國을 대표하는 世界的 命理學者

predictor@korea.com

[命理著述]

適天髓써머리	동학사 2001
適天髓摘要	대만무릉출판사 2003
八字術必殺技	장서원 2004
八字術파이널블로	장서원 2005
子平眞詮리뷰 I, II	장서원 2005
欄江網마스터리 I, II, III	장서원 2006
適天髓스펙트럼 I, II	장서원 2006
適天髓摘要해설	장서원 2006

刑沖會合(형충회합), The Kaleidoscope of Life

첫판 1쇄 2008년 1월 22일

첫판 8쇄 2023년 1월 25일

지은이 이 수(李修)

펴낸이 장석홍

펴낸곳 도서출판 장서원

04352 서울 용산구 한강대로 21-5

전화 703-5362 팩스 797-5362

등록 제 03-01213호

shjang1011@ hanmail.net

정가 10,000원